鏡としての『日本書紀』

野原敏雄
Nohara Toshio

風媒社

鏡としての『日本書紀』◉目次

長いまえがき

なぜ今、この本を書いたか

私は歴史研究者ではない。歴史書愛読者であり、とくに『日本書紀』は最後に付けた「おわりにあたって」にあるような事情から、大好きである。そしてこれまで個別のテーマを探して、いくつかの文章を書いてきた。同時に、あの時こうしたら違った歴史展開となったなどと空想を楽しんだ。しかし楽しみで歴史を読むだけではだめだというのが、とくにごく最近の想いである。歴史は将来の鏡だと言われるが、『日本書紀』にも、今だったらこのまま進んではいけないと思う展開がいくつもあると気づいて心に重く溜まるものがあった。昭和の一桁代に生まれ、戦火を逃れ生き延びて、戦後の社会づくりにその体験を生かしながら、しかしわが人生を楽しみつつ暮らしてきた世界が、急速に逆転してしまいかねない状況となってきて、「歴史話を楽しむどころではない」との想いでこの本を書いた。

それが何かは最後の「短い結論」で述べるが、それだけなら大学で現代の社会問題の研究を続けてきた経験を生かして、より直截的に主張できるし、現に多くの人たちとともに声を出してきている。

しかしその想いをもっと広く世の中に広げる必要を痛感してきて、趣味で親しんだ歴史を鏡として今現在を写し多くのより広い歴史愛好者と一緒に現代を考え、楽しい未来を想う人々と一緒に暮らせる世の中にしたいとの念願でこの本を書くことにした。まずは日本の古代を楽しみつつ知ろう。そこからじっくり今を考えようという本書の趣旨にご理解をいただければ幸いである。

『日本書紀』とは

『日本書紀』とは言うまでもないが、日本の古代の歴史を知るための六つの定本である『六国史』の最初で、しかも基本となる文献である。それだけではなく、日本古代社会を広く理解できる稀有な文献で、面白く読める名作だと思う。古代を整然と編年体で記録し、古代人の生き様が生き生きと描かれる部分を数多く含み、史書としての『紀』でもあり、物語の「志」、個人評伝もあわせもつ書物である。ほぼ同時代に完成された『古事記』に共通する話題も多いので、それと比較しつつその相違から考察することもでき、両書のより深い性格を把握しやすくなるところがいくつもある。

しかし『日本書紀』は漢文で書かれており『古事記』の倭文を漢字で表す「万葉仮名」方式との違いもあり、内容も歴史風と文学風の差は歴然としていて、両々相俟《ま》てば古代社会の全貌も特徴も垣間見える。『古事記』と違って、何故『日本書紀』が漢文なのかは、本書の最後でわかるはずである。

面白さを感じ、その魅力だけでは歴史を知ったことにはならない。過去を知ってそこから現代を写し、未来を開いていく力とするところに歴史の意味がある。まさに歴史は「未来の鏡」である。現在を生きる人にとって過去を糺《ただ》すのが歴史の深い役割だとすれば、そこで得られる教訓を将来に生かす重みも自覚せねばならない。本書で最後に「短い結論」を置いたのは、書き手自身の今後の道を照らすものである。それは書き手の私事だが、読者もそうあってほしいという願望でもある。そこに何がしか読者の共感が得られれば幸いの至りで、本書を書いた意図が生きることになる。

これまでの日本の古代史を歪めてきたこと

歴史にそうした深さと重さを置くとすれば、まずはその記述の正しさと視角の歪んでいないこと、そして意味の理解の容易さが求められよう。それはこの先折に触れて指摘するつもりだが、その意味の重みと思考の正確さは、対象となる時代の人々の交流と生活形成の行動範囲まで広げなければ得られない。だから交流や交渉が展開する地理的範囲は重要である。日本古代史に限る本書ではとりあえずは「東夷圏」を範囲にして、そこでの諸民族の交流と抗争が古代日本のありようをどう方向づけたかを常に念頭に置きたい。ここで「東夷圏」とは中国的思考なので、その蛮族観にはいくらか忸怩《じくじ》たるものがあるとはいえ、とりわけ古代では歴然たる事実とも言えなくもないので、範囲を示す便利さに甘えて敢えて利用する。当然それが意識的に歪められるような内容であってはならないことは言うまでもない。

さて、検討の対象となる『日本書紀』の記述や、その解釈の歪みや不適切な部分でとりわけ顕著だと思うものは少々長い「まえがき」のなかで取り上げ検討しておきたい。日本の歴史研究はすでに長い期間にわたってその誤りの除去に努めており、今さらながら私如き素人がとりわけ気にせざるをえないほどの歪みはほとんどないと言いたいが、なぜか消し難い話題が疑問を付しながらも残されているように思う。それを糺しておくことで本文をすっきりさせたい。

もう一つ、本書では神話部分は対象としない。神話の部分もそれ自体で面白いし、古代人の心性も覗けて大事な意味はあると思うが、本書では人のつくった歴史に限りたい。神が歴史をつくるのではない。神を使ったとしても人が歴史をつくるための思考の範囲に限られねばならない。

はじめにおよそ二千年前の「東夷圏」の基本的状況を知り、ついでそれにかかわり倭国の動向に大きな意味と役割をもった熊襲《くまそ》、天日鉾《あめのひぼこ》と神功皇后《じんぐうこうごう》をめぐる誤謬払拭・真相解明についての話題に移る

二千年前の東夷圏状況

手っ取り早く「中国正史に描かれた日本」をサブタイトルとした、『倭国伝』（講談社学術文庫）に載せられた『魏書』のうちの「東夷伝」に書かれた関連部分を紹介する。この書は、いわゆる「倭人伝」も含まれていて、日本人にとっておなじみの史書だが、そのはじめにまず「扶《プ》余《ヨ》」が出てくる。いまの「中国東北地方・旧満州」あたりで、七〜一〇世紀にかけて存在した渤海国を含む地方で、農牧を営なみながら雑穀を主食とし、また馬、牛、羊などを飼育して暮らす温和な民族のようだった。次いでその南東に暮らしていた高句麗は平地も少なく農は貧弱で、放牧に近い養畜に頼る民族で、しばしば平地を広くもつ扶余を侵し、やがてそれを吸収し尽くした。この高句麗族は中国の干渉を受けいれていた扶余とは違って、しばしば中国に対抗してそれを苦しめた。

両国土の南は韓民族の居住する朝鮮半島主要部で、一万人から数千人の集団に分かれて生活していたが、中国は東夷の地を干渉・支配するために置かれた楽浪・帯方地方に最も近い馬韓、もっとも遠い東部の辰韓、半島最南部の弁韓に整理したが、それぞれの種族はリーダーの下で共同体的な暮らしを送っていた。そうした状況がつくられた具体的な経緯はもちろん「東夷伝」には書かれていない。それを知る貴重な情報が目に入った。

二〇一九年六月一八日付の「中日新聞」（「東京新聞」との共通記事も多い）の文化欄の記事で、

「縄文時代の終わりに寒冷化で人口急減？」という東大チームによるＤＮＡ解析の結果とその解説記事を読んだ。それによると、三二〇〇〜二〇〇〇年前、縄文時代の終末期に一時的寒冷期があり、狩猟・採集が困難となって二六万人あった倭の人口が三分の一に急減した。だが稲作の導入で回復し、新たな弥生の時代を迎えるに至ったという研究結果がＤＮＡ分析で解明できたこと、そしてその人口減の現象は中国や朝鮮半島には見られないことがわかったというものである。それを読んだことが、老化を感じる己を返りみず筆を執ることにしたきっかけであった。覚束ない指でパソコンのキーを動かす日々は、ボケ防止となった気もする。

さて、この二〇〇〇年前からもっと時代をさかのぼると、地質学的には氷河時代が終わる二万年前頃からの人類の新たな成長・拡大時代のことになるが、それまで欧米に比べて比較的温暖だったシベリアや蒙古高原のアジア大陸最東部では逆に寒気が強まり、ヨーロッパなど西方や南部の人々を引き付けていた食料源のマンモスなどの減退で生活が困難となった人間集団が、中国、朝鮮半島、さらに日本列島などへと逆に南下し、あるいはさらに東進して陸化したアリューシャン列島経由でのアメリカ大陸移動を引き起こした。今の日本人の大部分の人は幼児期に蒙古斑が現れると聞くが、それはその時に日本列島に渡来した人々が残し拡がったものだと言われている。その人類の大移動をもたらした最後の氷河期がほぼ過ぎ去った後、新聞記事が伝えた縄文末期の小規模な寒冷化は、シベリア、北東アジアなどで小範囲に限られ、狩猟、採集での食料源の減少による小範囲の人口移動にとどまったとされる。日本列島に居住していた縄文人への影響は、新たな北方人の大規模流入ではなく、狩猟・採集の不振による人口減だったようである。

シベリア、蒙古高原の人々の寒冷化を避ける南下は、朝鮮半島や中国東北部（旧満州）などでほぼ止まり、それらの地では日本列島のような人口減という現象は見られなかった。寒冷化の規模の違いの故かもしれないが、それに加えて決定的だったのは、中国巨大帝国（当時は秦、次いで前・後漢）の時期で、その政策のあり様が強く影響したためではないかと私は考える。重要なポイントを含んでいるので、いくらか説明を加えよう。

まず最初に、秦帝国は寒冷化で南下する蒙古系匈奴の侵入を阻止するために、彼らの多くを捕縛したうえで奴隷として使用し、「万里の長城」を建設した。阻止された南下集団はさらに東方に移動し、ようやくクニ形成の段階にあった扶余などに至るが、それらの抵抗もあって、さらに東の日本海沿岸の地に移動を余儀なくされる。推定に過ぎないが、そうした一部のなかにはさらなる南下の志向が強いものもあり、サハリン、北海道を経て日本本土に至ったかもしれない。それらの民は狩猟技術も高く、すぐれた縄文生活を現地人に及ぼした可能性もあるからで、最近世界遺産に認定された北部日本の縄文遺跡の水準の高さが話題とされることからの類推である。それはともかく、広大な蒙古高原の地から鮮卑や扶余に至った多くの民は「万里の長城」づくりで過酷な労働を強いられた集団とともに、当時中国で辰国（辰は方位では東南）と呼ばれた韓民族の土地に分散して配置されたのではないか。その地を差配した中国植民地の楽浪・帯方郡の支配者は朝鮮半島の西部の地を馬韓、南部を弁韓、そして東部を辰韓とした。その詳細を伝える『魏史』の「東夷伝」の記述では、北方騎馬民族系の集団を配分して馬韓、南部を弁韓、東部を辰韓とし、あわせて三韓を辰国と呼び、その王は楽浪・帯方に近い馬韓のなかの小国たる月支《げっし》国王が兼ねるという仕組みで、朝鮮半島の楽浪・帯方に接する馬韓上位の管理体制をつくったと思われる。いわゆる羈縻《きび》政策（一種の間接支配）にも似た仕組みを執ったわけである。詳細に「東夷伝」を読み込むと、南下難民のうち最狂暴と懼《おそ》れられる匈奴のなかで反抗力の弱い部分を済州島に、長城建設で利用し終わった奴隷や雑役者の部分を中国からもっとも遠隔の辰韓に、突厥《とっけつ》などの騎馬民族を馬使用の制限の下で馬韓に分散し、さらに東の扶余人を弁韓に誘導配置させたと思われる記述がいくつか散見できる。

以上は縄文末期の寒冷化に伴い、北方諸民族の南下移動の特徴の新聞記事に触発されて、とくに『魏志』の「東夷伝」の記述を加えて推定したものであるが、こうした中国・漢や魏の治政方針がそのまま現実化したわけではもちろんなく、とりわけ扶余やその東南に位置して、半ば農耕を取り入れた騎馬民族系の高句麗はこうした中国支配に根強く反抗し、強い独自の南下指向を持ち続けた。そしてもちろん三韓の国々も、また南下圧力の強かった騎馬系の諸国もそれぞれ独自の行動で、隣の地を奪い合う小競り合いが続いたのだから、従順に中国に従ったわけではない。

とくに高句麗は積極的な中国との対抗で生じた韓土の空隙地へ進出移動し、それに合わせて三韓のそれぞれが競い合って国づくりを進めた。やがて高句麗は扶余を吸収して強大化し、しばしば中国国境を脅かし、中国諸帝国を悩ませた。そうした諸対抗の結果、三韓が成立し、その後の二世紀以降、高句麗・新羅・百済三国として対抗し、七世紀末まで続く朝鮮半島地域の対立の前史が展開する。さらにほぼ同時並行して上述の東夷の種族からは海を隔てた島々に居住する倭人がそこに介入し、四者の対抗・連携の歴史を繰り広げた。それらを倭側から見て独自に「倭国史」として編纂されたのが『日本書紀』である。そしてこれまで単に蛮族としてしか把握されなかった「熊襲」と呼ばれる勢力が、倭にとって重要な意味をもつようになる経緯を大きな流れとして含みこみながら、『日本書紀』を理解しようというのが、これから語ろうとしている私流の「日本書紀読み」の出発である。

熊襲はどこから来たか、新羅の王子・天日鉾とは

出発を前にもう少し倭国形成に関わる扶余、および三韓の予備知識を語っておきたい。まず熊は扶余のシンボルであった。扶余の軍旗は生き生きと描かれたクマの姿である（韓国でつくられたビデオ映像を信じてのことであるが）。熊はこの土地で頂点に位置する動物であったのだろう。中国の羈縻《きび》政策で最重要国に位置づけられる百済は、実際には既に存在しなくなった扶余国との関

係を強調していた。先祖が扶余に発するというありえない歴史を強調して、自らを「南扶余」と称し、自国の強大さを国際的に示す軍旗やシンボルにもそれを使った。それは馬韓のなかでならば周囲の小国への威圧力として充分に意味があったであろうが、強敵の高句麗には通じないので、百済では建国の王が高句麗王と兄弟だったという伝説も加えられる。扶余に生まれ育ったその兄弟は、別の土地にいた腹違いの兄が現れて後継者となったので、身の危険を感じそろって南の地に逃げ出し、大河（鴨緑江か）の手前で高句麗を建設する兄と別れ、さらに南の漢江の南部で百済を建国したといった伝承をもっていたが、事実として確認できるものではないとも言われる。兄弟ということで、高句麗の攻撃をかわそうとする意図を含んだ単なる伝承話かもしれない。百の部族が集まって建国したという話もある。

寒冷期の南下移動をそのまま反映し、さらなる南下を止めない高句麗は、楽浪・帯方の地を漸次蹂躙し、やがて平壌に都を定着させるのに対して、百済は韓江沿いの旧地を捨て、さらに南の熊津（現群山附近）近くに都を移し倭との友好を強めるが、もっとも頼りとしたのが中国南朝の宋の冊封下でその権威を借りることだった。百済船は頻繁な宋との通航に当たって倭の土地を中継地とし、とくに肥後の天草地方への寄港の機会も多かった。その影響で彼らが得た中国・長江地帯で普及していた進んだ稲作・灌漑にかかわる技術を直接倭に伝えることになり、九州・西日本、とくにその日本海沿岸地方に伝播・普及することにつながった。三世紀前後の倭への稲作技術の伝来の大きな流れの始まりはここにあったと思われる。それはまた交易船に翻る熊の旗を歓迎する倭人たちが、時を経て各地へ拡散するに従って他地方にも広がり、同時にその媒介者の百済文化も普及していくことを含んでいた。後に語られるはずのホムチワケ勢力の拡大ともつながる。

ここまで言うと、「熊はわかった。では襲はなにか」と問われるに違いない。襲《そお》は南に圧迫された百済の海外流出人たちの一つで、未開のままに残されている倭の地に流入してきた人々を示す文字である。その主な流出先は南九州、とくに日向地方と肥（火）の国の内陸部であった。時代は百済や新羅の建国と一〇〇年近くも遅れる倭の三～四世紀の間《はざま》ではないか。「魏志倭人伝」の伝えるヒメコの伝承もここあたりから生まれる。阿蘇や霧島の火山活動によって、農耕地化不能・困難の土地が広がっていた南九州は、また彼らの植民可能な土地だったに違いない。

こうした倭人の土地に関する百済での「クマ情報」が多くの百済人の植民集団を引き付けた。「ソオ」に引率されたそれら植民団が定着したのである。そのソオとは思うに扶余の社会階級の一つである。百済が先祖と信じた扶余では、人々の社会的地位を高位から馬、牛、豚、犬など生活に欠かせない動物名で呼称していたことは「東夷伝」によって知れるが、百済もそれをそのまま継承したことは間違いない。ハングルでは馬はマ、牛はソオ（ソ）である。想像だが、マ（馬）は最高位の王族など支配者グループであるとすると、ソオ（牛）はかなり社会的地位の高い有力階層を意味する。そうした人物に率いられて南九州の農耕困難な火山灰の積もる荒れ地を舞台に、新たな倭人として定着したのが熊襲だった。現在の宮崎県曾於市とその周辺がソオ（襲）の中心地だった。百済国などよりもさらに一〇〇年近くも経ち、まだ倭国が出現する建国前の南方系縄文人が、暮らしやすい海岸近くの低平地で生活していたが、内陸部は不毛に残されていた地域での新たな開発の始まる姿である。当然のこととして、倭国大王（天皇）の指揮に従わず租を収めないことも多く、私が初代天皇と考える「景行」の十年余に及ぶ「熊襲征伐」の対象となり、暴徒呼ばわりされた。彼らはやがて降伏するが、その高い能力を知った大和勢力に積極的に引き入れられていくことになる。例えば、倭国の任那《みまな》に対する作戦で活躍する葛城襲津彦《かづらぎそつひこ》はそのもっとも著名なリーダーであるが、名前のソツヒコは「ソオの彦＝男子」と読める。降伏後、多くの従属者を引き連れ大和豪族の葛城氏の氏人として迎えられ、とくに大和集団の任那関係の諸行動に携わった。またソオの地で大和に仕える能力がなくなったとして、自分の娘を献上したいと申し出る「牛」を名にもつ古老が、美女で知られた「髪長姫」を差し出し、天皇「仁徳」の寵愛を受けるという「応神紀」の記事もある。このように国家形成の遅れた倭の地には、大陸や朝鮮半島からの渡来住民が、各地に数多く移動してきて倭に溶け込んで、社会・文化の向上に大きく貢献してきた。それが狩猟、採集の縄文文化から稲作栽培を基盤とする弥生文化への進化の大きな原動力となったことは言うまでもない。

もう一人、『記紀』のなかに倭文字で登場する新羅地方の有力者、「天日鉾《あめのひぼこ》」を紹介しておきたい。百済にやや遅れた新羅の建国は三世紀後半で、倭よりも四半世紀近く早かったようである。小勢力群立のなかから統一されたひとつの国が形成されるのだから、そこから振るい落とされ、はじき出される王クラスの人物の多くはその麾下に加わることになるが、新たな地を求めて倭の地に渡来する者もいくらかはいたはずであり、天日鉾もその一人であろう。『記紀』で新羅の王子（現地語でコニキシ）だったと書かれているこの人物についての記事は『古事記』の「応神段」で、また『日本書紀』では「垂仁紀」と、掲載時期が大きく異なるが、『古事記』の段では昔の話と書き始められており、垂仁期の渡来がより正しいかもしれない。しかし垂仁代の「天日鉾」は七種の宝物を持つ人物である。その拝見を求める「垂仁」には丹波の出石《いずし》の小刀を隠し、発見されて取り上げられるが、やがてひとりでに淡路の祠に収まっていたといった他愛もない話で終わる。しかも新羅の王子が倭に渡り来て、宝物として出石の小刀を持つというのも奇妙な話なのでにわかには信じ難いが、倭に渡来し、そこで倭人化する見本と考えてもよい。さらに昔の渡来で但馬に定着したとされる人々のことは、「播磨風土記」や但馬の昔話がいちばん事実に近いのかもしれない。そこでその文書を広げる。天日鉾は定住する但馬で水害に悩む住民のために、河口の岩山を削り水流を安定させるなどの功績を積み、人々から崇拝される人物として描かれ、のちに「応神」との協力で但馬、丹波（含む丹後）の河川灌漑の水稲栽培普及に貢献した人物となる。水流の安定といえば、洪水被害からの解放であろうが、同時にその水流を灌漑用水として使うことを可能とすることも重要で、まさに「応神」の事績に結びつく。『古事記』での天日鉾の話は、新羅渡来の王子自身が大事績を行ってその地に住まい、数多くの子孫が後継者として住み続け、地域を開いていったことではなかったか。「播磨風土記」には出石から播磨に来た天日鉾が、稲作普及に貢献する逸話を数多く紹介しており、出雲の影響で始まった雑穀などの栽培文化が、稲作灌漑文化に代わっていく形跡が追求できる叙述もある。時代の違いからであろうか、応神との交錯の記事はないが、天日鉾の事績が「応神」によってより強力に播磨の地に広がり定着していったと考えられる。

神功皇后とは誰か、そしてなぜ登場するのか

しかし天日鉾の記述でもう一つ重要だと思うのは、但馬にとどまった天日鉾が土地の女性と結婚し、子孫を残したこと、そしてその末端に息長帯比売《おきながたらしびめ》（つまり神功皇后）とその生母で大和葛城の大豪族の女、高額比売《たかぬかびめ》の名が書かれていることである。もっとも、この多遅摩《たじま》系に大和の大豪族の姫が結びつくことは極めて唐突で、いく分か疑義がある。両者には何らかの交流があったという記録はない。あったのはもっと広い意味での生活文化、とくに前者から後者への稲作技術の大きな進歩の流れであり、それこそがポイントであると思われる。ところで彼女の系譜は『古

事記』の「開化記」にも出てくる、「開化」の六代目の息長宿禰《おきながすくね》王の姫として息長帯比売の存在が記録されている。この六代にわたる系譜は複雑で、簡単に整理しかねるうえに、その途中で傍系に分かれていく先には、「淡海の御上の祝《はふり》がもち拝《いつ》く天之御影神の女、息長水依比売《おきながみずよりびめ》という姫が産んだ王は、やがて美濃の北陸道の通過地（本巣）の神大根王《かむおおねのきみ》となり、それが同じ街道の大和側にある近江の息長の地と繋がる。その地の息長宿禰王は、同系で別れた山城の王（迦邇米《かこめ》雷《いかずち》）が丹波の高材比賣《たかきひめ》を娶して産んだ子であり、それが葛城の高額比売と結ばれて息長帯媛を生むという複雑な経路で神功皇后の存在を説明する。都の地・大和との関係が深い男女の産んだ子が、都とは直接のつながりの薄い息長の地の王であるという不自然さや、途中の長い系譜に息長も含む淡海（琵琶湖）の神が出てくる奇妙さも含めて、すっきりとは納得できない記述である。だから現代までの長い期間にさまざまな史学者が苦労して解釈を重ねているが、未だすっきりとはされていない。それほどまでにして語らねばならない歴史造作の作品として神功皇后像を必要なものとしたことは何かを問い直し、この問題を片づけたい。後の第四章での検討に譲ることにする。

さてと気づけば、少々「まえがき」が冗長になりすぎた感があるので、「まえがき」での雑処理はこの辺で止めて本章に入ることにする。

以下はほぼ『書紀』の記述に沿って、主な話題に限りながらも広範に検討していきたい。記述の仕方について一言。ここまでも天皇と書かれている部分はカッコをつけてきたが、今後は「天智」まではなるべく天皇の文字を使いたくないが、使った方が理解しやすいので妥協して執った措置である。日常的な呼び名（本書では尊名と言っている）や本来的な呼称としての大王《おおきみ》と書くこともある。また『記紀』の倭訳文を長々と引用した場合は【　】で囲んでいる。カッコ内だけでは不明の恐れがあるところは、私の解釈文を加えて解説する。和歌の挿入が多いのは『古事記』だが、『日本書紀』も結構多い。この日本文化を豊かにしている特徴を本書も意識していくつか入れ込んでいる。

第一章　闕史八代とはどんな時代か

―「綏靖」から「開化」まで―

大和の最初の開発者は誰？

ホノニニギノミコトが日向の地に降臨し、その地の開発を始め一八〇万年近くを経て、その地を豊かにし終えた。カムヤマトイワレビコは塩土老人（案山子）から「東に麗しき良き地があり、そこが国の中心だ」と聞いて、そこを開いたのはおそらくその地にいち早く降臨したニギハヤヒ神ではないかという伝承である。その大和に移動して都にしようと兄弟で相談し「神武東征」が日向を出発して『日本書紀』の「神武」の巻が始まる。そしてすぐ明石海峡まで来た。吉備で三年の準備をし、大和入りを図るが、初めの開拓者ニギハヤヒの戦《いくさ》びとの将・ナガスネヒコは侵略者の襲来だと抵抗し、神武の兄がそれに撃たれて戦死するなどで退去し、南の熊野遡行に変更する。

物部氏の由来書の「先代旧事本紀」によれば、倭土に降臨を命じられたニニギは、子のニギハヤヒが生まれたので、代わって難波・大和境の生駒山に降臨させ、山越しで大和に進出して開発を進めていた。突如現れたジンムと激闘を重ねたが勝負がつかず、同じ降臨者ならばと持参の宝物比べをした結果、ジンムの方が高位であることがわかり、ニギハヤヒが地位を譲った。最初の開発者の権利を主張するナガスネヒコは譲らないので、天上に帰る前にニギハヤヒに殺され、神武が支配者として土着の蛮族を平定したと語られる。ニギハヤヒに同行してきた物部氏はジンムの下に編成された。これは主に「旧事本紀」が描く神話だが、すくなくともジンムは大和の最初の開拓者ではなく、新たな到来者であった。そこに象徴されるのは、大和の土地は開発され始めてはいたが、まだまだ新入者を受け入れるゆとりを充分に持っていたということである。海からは隔絶され、大和川とその支流も上流の纏向《まきむく》付近を除けば水流も寡《すく》なくて、南部を除けばさしたる森林もなく小動物も稀な盆地は、縄文の民が入植する条件としてはまったく劣悪な乾燥激しい草原の広がる荒れ地として放置された土地であった。

四周の各地からそんな盆地内に移動し居住したのは、少なくとも原初的ながら稲作技術を身に付け、弥生式文化に触れた人々であった。大和の地に入り、小集団で分散して暮らしを維持した。わずかに窪地に溜まった水や、粗末な道具で低地を利用した小溜池の水を使った稲作を主として、他に小動植物を捕食しながら、ともかく暮らせるだけの小家族生活の場を探してやっと定住できる土地に分散して生活した姿が想定される。厳しい条件を生き抜くためには小集団間の協力の維持も重要な条件であったに違いない。海の向こうの韓土では三世紀ともなると国家形成がみられた。それに馴染めず新たな土地を求めて倭土に移りきた者ありとすれば、大和盆地の開拓は三世紀から四世紀の初めといった時代ではなかろうか。それでも時が経過すれば、人智はその耕作の土地を次第に拡大して、集団の規模も大きくなった。それらの分散した小集団の間の相互の共同の成果が『日本書紀』の闕史八代として記述されるような状況までなるには、さして時は要しなかったし、盆地外からのトラブルもなかった。案山子の教えは間違っていなかった。

闕（欠）史八代はどんな時代か

歴史学者は「カムヌナカハミミ・綏靖《すいぜい》」から「ワカヤマトネリヒコオホビビ・開化」までの八人の王の時代を「闕（欠）史八代」と呼んでいる。この時代は各々の「天皇」の系譜や后と子女名が記録されるだけで、歴史の事績はまったく欠落しているからである。

事蹟の記載が欠落しているからほとんど何も語れないことは確かだが、それでもこの「闕史八代」期の状況をいくらかは窺い知ることはできる。まず目立つことは八代すべてについて、その都（みやこ：宮あるいは御屋と呼ばれた）が異なることである。そのことはまだそこが倭土のご

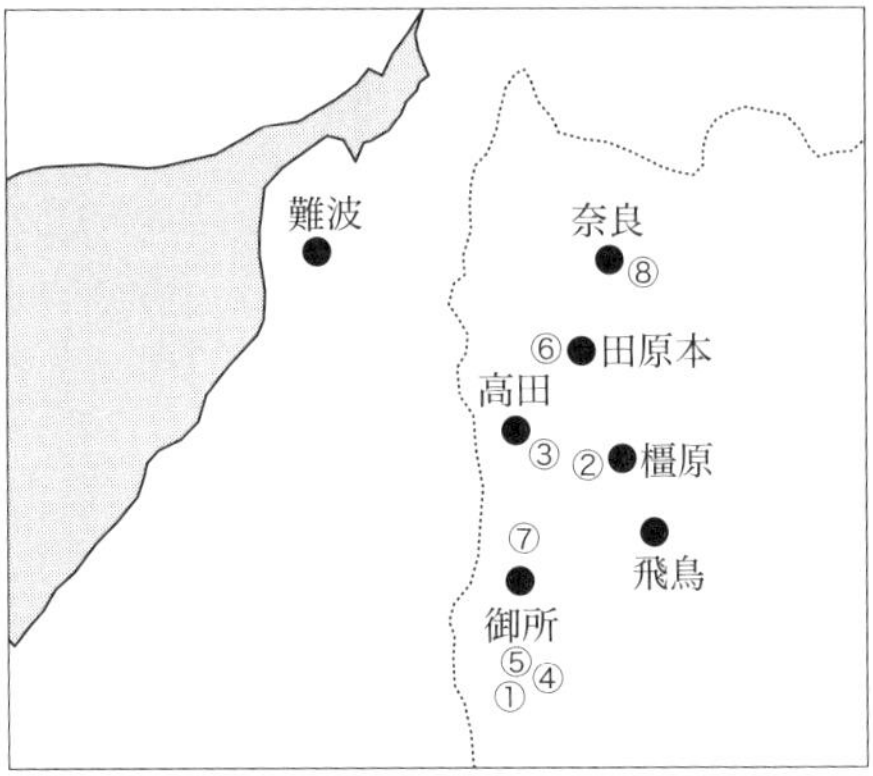

都配置図

く一部だが国ではないということを意味する。『魏書』の「東夷伝」では国別の状況が列挙されるが、倭についてだけは「倭人」（の土地）として紹介されている。広くもない領域が一人の王で統治されているわけではなかった。そのなかにはヒメコ（卑弥呼）を代表とする邪馬台《やまと》国についての記載もあり、その国は倭土の一部に過ぎないことを、その筆者もきちんと認識していたのである。この時代のそうした地方はしばしば「クニ」と記述される。卑弥呼は「親魏倭王」と呼ばれており、形式で言えば、魏の皇帝の影響が及ぶ倭土の中の一つのクニの王であることを意味している。倭が国として認識されれば「大王」呼称が使われるはずである。さらに以前の『後漢書』でも貢献してきたのは倭の奴国（なのクニ）であった。倭土の別の拘奴《クヌ》国は倭土の一部だが、女王国とは別で、さらに朱儒国、裸国、黒歯国もあるとなどとしている。ヒメコが遣使したのは中国歴で景初四年のＡＤ二三九年だから、高句麗や百済はほぼ国家建設を終え、さらにやや遅れて新羅もそれに加わろうとしていたことからすると、倭土の広さや大陸から離れた島々からなる土地という状況もあろうが、いまだかなり自由に流入できる自由な土地であったと考えてよさそうである。そのことが国家形成を遅らせていたのであろうが、「まえがき」で書いたように新たな移民を迎え、その文化を吸収できた。辛酉思想を使って、敢えて建国年を千二百六十年（一部《いっぽう》）も早めてまで、建国の早さを誇る必要はなかったと思うが、そうせざるをえない国の威信があったところに、『日本書紀』の使命があったわけである。

九州のヒメコの耶麻（馬）台国は諸王対立抗争状態の脱出の手段を、中国の援助に求めようとしたが、大和の諸王は同じ状況を克服するために緩やかに連合して、一人の代表者を交互に選出しながら、その秩序の中で強大化する道を選んだに違いない。それはどのようなものであったかを推定してみよう。大和盆地は大きく北の奈良・春日、その西北に平郡《へぐり》がある。中央は南東部の磯城《しき》（志木）が大和川の源流に近く、もっとも早く小規模な稲作がなされた中心で、その南の飛鳥、西には南北に長い葛城《かづらぎ》のグループがあった。南葛城の東の吉野山斜面には大和川支流の蘇我川沿いに蘇我氏、さらに南の巨勢《こせ》の里もある。全般的には、深い森林も少なく、大和川の上流で水流も僅かな草原状の広漠として、三つの小山（畝傍《うねび》、香具《かぐ》、耳成《みみなし》）が目立つこの大和盆地は、倭土に先住した縄文人の居住には適さない未開の土地であったことは前言した。しかしその荒野状況のおかげで、新たに流入してきた東夷系を含めた多くの人々は、河川最上流部のわずかな水を頼りにした貧弱な稲作を主な糧として暮らし始めた。そこは東南の三輪山麓の纏向《まきむく》の地で、開発は比較的容易だったのではないか。山深い吉野山系の森林が恵み与える農業用水に頼ったが、東南の飛鳥地方は一段と山深い森林に接してさらなる開発が困難だったのに比べて、西南の南葛城地方は、豊富な水量を誇る紀ノ川の上流である吉野川のつくる開放的な地形につながった支流や支派流に近く、それに頼れば外部の紀州や河内の平野と海に繋がることが容易だった。

「綏靖《すいぜい》」は南葛城の豪族で師木《しき》県主の娘を娶り、師木津日子を生んだと『記』に書かれている。その名から推して磯城《しき》の祖とのつながりが強かったようだが、御屋《みや》（都）としたのは吉野川と直につながる南葛城であった。内陸の大和盆地では不足がちな生活品が入手しやすい紀州の海との関係の重要さがよくわかる。つづく「安寧《あんねい》」は先の師木津日子の成長した姿で、先代の御屋があまりに盆地の南に偏したためか、磯城により近い北葛城に移したが、それでも紀州と繋がる街道沿いではあった。「懿徳《いとく》」は同じく磯城の県主の女で「安寧」の兄の妹を后に迎え、畝傍山に近い軽《かる》の地を御屋として、初めて磯城の中央をみやことした。この三代はいずれも師木の県の娘を后としているが、その勢力の強さを物語るのであろうか。さらに『記紀』ともにタギシヒコ（當芸志比古、またはタケシヒコ：武石彦）という同母弟を書き上げているが、『記』では但馬の稲置《いなき》の祖となったと記しているのに、『紀』では何も記述がなく、大和とその外部との交渉がこの時期にあったのかなかったのかはわからない。しかし続く「孝昭」の代では新たな登場者が現れる。

「孝昭」は再び御屋を南葛城に移し、尾張連《むらじ》系の后を迎えた。これまで事代主神《ことしろぬしのかみ》の女などと神の子であったり、また大和のなかの県主の女などの出身とされてきた后が、尾張という違ったクニの女の世襲足媛《よそたらしびめ》と紹介されている。足の字は『古事記』ではその序のなかで特別の注が付されている帯《たらし》であり、『書紀』では初出であるが、後世では天皇の尊名として数多く使われた文字でもある。なぜここで尾張の名が現われたかは論争があったようだが、結論的に言えば、学界の大勢は、大家の本居宣長の「高尾張《たかおわり》」説への追従的賛同のように思われる。私の素人感覚では、高尾張は大和と紀州の接点、紀ノ川の小支流と大和川の支流の末端を繋ぐ地点に仮設的につくられた荷揚げのための尾張海部《あま》人の臨時の生活場所ではなかったか。私は一〇年程前、現地に足を運びその周辺の探索を試みて無為に終わった経験がある。しかしJR和歌山線と近鉄吉野線が同じ駅をもつ吉野口で列車待ちした際、たまたま駅に現れた古老の昔話として聞いた内容はそれに類したものだったという貴重な経験がある。やがてその衆は葛城勢力に追い払われ、尾張に移動したとされるが、この説の「神聖なヤマトへの僻地尾張の進出はあり得ないと」いう心象のもつ影響は大きいと改めて思った。

当時の尾張氏は、いまは名古屋市南部の伊勢湾に面した大高山《おおだか》(当時は火高山《ひだか》)の麓を根拠に、伊勢湾と知多半島部を越えた衣浦《きぬうら》湾を根拠とする海部《あま》族で、尾張西部の低湿水郷の土地を抱え、日常生活に欠かせぬ小舟操作技術の蓄積を生かした河川漕行(とくに遡航)では抜群の技術を持つ氏族であった。後で触れる「神武東征」での熊野川遡航の際でも、尾張氏と繋がる高倉下《たかのくらじ》の名で協力が記されており、当時すでに紀伊半島周辺を自由に航海する能力と経験をもっていたようである。当然のこと、急速に人口を増大させてきた大和盆地に必要な日常の物資の量は増大し、旧来方法では不足するといった状況に対応した大和盆地域の社会の変化が推定される。高尾張と呼ばれた必要物資の荷揚げ場所で、そのための施設が相当な期間にわたって存在したというのが事実とすれば、「孝昭」が尾張氏の媛《ヒメ》を娶ることはなんの驚くことではない。もう一つ想像をたくましくして書いてしまうが、この地での尾張系の后の登場は初めてで、地域でまったく顔見知りのない人物が后であることをすぐ判別できる「しるし」として、特別目立つ帯を身に付けさせたことに由来する名称ではなかっただろうかとも思う。「孝昭」の弟が大和北東部の春日の地の和珥《わに》氏の祖として迎えられた記述がこの代である。

大和の枠を超えた拡がり

「孝」の漢字を含む諡号《しごう》をもつ「天皇」が、その後四代も続いて登場することも上述の変化を反映したものと考えられる。「孝昭」から始まり「孝安」「孝霊」「孝元」と、漢諡号が「孝」で始まる人物が氏族連合を代表すると言っても、一つの氏のなかで世襲された氏族長であったとは思えない。御屋は依然として代ごとに変わり、この四人の「孝」諡号をもつ人物も南葛城から北葛城、そして大和中央の磯城へと移る。各地方を代表する氏族間の血縁の強まりが進んだのであろう。しかし新たな特徴として『古事記』では「孝昭」を除く三人ともにすべて、『書紀』でも後の二人の尊名は大倭（オオヤマト）で始まる。彼らが大和全体の中での地位を高め、さらに大和の全体的な協力化も進んできたことを推察させる。協力しなければ暮らしが安定しなかった大和の勢力が、大和を越えてより広域への拡大を見せ始めてきた兆しが東北部和珥氏の出現ではないだろうか。さらに広がり、「孝元」代には二人の同母弟が吉備、播磨の氏長の祖となり、次の「開化」代にはこの氏族から山城や紀ノ国の祖となる人物も現れている。その時代は春日の氏族長が連合の代表となり「開化」の諡号を受けたが、奈良の小流、猿沢池ともつながる率川《いざかわ》沿いに都を置いたが、これまで続いた尊名の大の文字は稚《わか》に変わる。氏族規模の変化かも知れない。形だけとはいえ何らかの変化が見える。その稚を冠された「開化」の后《きさき》は、すぐ前の「孝元」の妃《きさき》（『古事記』では后）で、「開化」の継母であったこともまた異常であり、血縁を酷使し過ぎる兆しと考えられなくもない。大和氏族連合が大変換を迎えつつあったことを示す状況かも知れない。

　これまで述べてきたこの氏族連合を支えたのは、もちろん稲作の普及が進んだことが基底にあるだろうが、それが大和内だけでは解決できない問題を抱えてきており、それを打破するためだったと考えたらどうであろうか。「開化」の開いた御屋の名になった近くの率川は、現奈良市の市内を流れる小流水であるが、総じて奈良盆地の北部は低い丘陵地が続く地形で、大和盆地では自然の雨水がもっとも寡少な土地である。その地を代表する氏族長としては、それまでとは違って稲作灌漑を抜本的に改革する以外に将来はないことを感知しており、氏族共同組織の長としてそれを強く訴える機会をもつことになったのではないか。池を作るにも、鉄製道具の改良を要したであろうが、さらに言えば、その需要は奈良盆地全体の各氏族においても程度の差はあれ同じ要請がある。そうした大和全体の生産力の大きな改良を求める小水流の渇水問題は「開化」が提起できる最も適した人物だった。

「開化」は妃（『書紀』では后）を氏族連合としては初めて丹波から迎えてもいる。これもまた、新たな稲作段階を迎えるために最も必要な選択であったかもしれない。すでに「まえがき」で指摘しているように、稲作最先端の技術水準にあった中国・長江の進んだ技法は百済の「熊印船」のもたらす情報によっていた。またそれをいち早く普及しえた百済から任那《みまな》、新羅へとつながる経験を伝えられた九州や日本海沿岸の地方が比較的早かったが、そこに接して、しかも溜池灌漑に頼らざるを得ない但馬・丹波の高原地帯で大規模な河川改修による灌漑が可能になるなど、稲作の最新情報ルートが大和にも大きく開かれてきていたのである。その情報に基づいて、任那から「崇神《すじん》」が招待され、大和を一段と進んだ社会へと押し上げることになるというのが、私の『記紀』を読んで描いた筋書きである。

ここで八代がすべて書き終わるので、この時代はどれほど続いたかに触れてみたい。次の時代の主役の崇神は『記紀』で初めて時代が特定できる注の記述で戊寅歳に死亡したと書かれている。ＡＤで言えば三一八年か二六八年のいずれかで確定されてはいないが、私は百済・新羅などの国家形成時を考えて、前者を取りたい。三世紀初めには国家形成がみられる百済や新羅に遅れてまだ諸王分立状態だった倭の国家形成を考える時、闕史八代の年代を推定する意味が重要である。崇神がもうけた子供の数から言って四〇代で倭に渡来して一〇〜一五年を経て死んだとすれば四世紀初めの来倭となる。それ以前の八代は各王の長老・高齢を考えて、各代平均五年として四〇年だから、三世紀半ば以降四世紀に入る頃までという計算となる。意外に短期間であり、進化の速度は速かった感じがする。大和の共同の政治制度は、稲作にとっては狭小・劣等地だったわりには早かった。否、その故にうまくまとまっていたと言うべきかもしれない。しかしまた地域の狭さから進化の限界も早かった。「開化」期の外部交渉はその打破のために必要だった。

　しかしそのなかで外から人物を招致してすぐその地の王とすることはあり得ない。大和の土地に「外夷」を招き、それが統治者としてクニを治めたとすれば、威信の問題もあり、簡単にまとまるはずはない。とすれば崇神は倭土に祖をもつ土地に馴染んだ人物でなければならない。そこで『記紀』はそれぞれに異なる複雑な血縁関係をつくりだすことで「神意」（実は大和の政治世論）を納得させねばならないことになる。異常に冗長で複雑な「王」の系譜書きが『記紀』ともに記述されるのはそれぞれ血縁関係を描いてスーパー男《マン》の「崇神」を生み出す試みの苦心の形跡である

　まずは『古事記』だが、「孝元」の妃の伊迦賀色許売《いかがしこめ》が、「孝元」の后の生んだ「開化」との間

で男子のミマキイリビコと女子のミマツビメを生む。その男子と女子の兄妹がイクメイリビコイサチ「垂仁」を生むとされるが、「崇神記」には妹ではなく「孝元」の兄の子とされ、混乱がある。同名の違った人物とすればよいということであろうか。当時では、兄と妹の間の婚姻を意味する姫彦制は他にも広くあったという歴史家の注もある。一方、『書紀』の執筆担当者は、イカガシコメが産んだのは男子のミマキイリビコだけで、それが成人して婚姻した相手の姫はイカガシコメと孝元の間に生まれた男子オオビコの子のミマツビメであるとした。いずれにしろ、狭い地域での婚姻は、近親婚による問題が頻繁に見られた時代でも、伯父・姪、伯母・甥の四親等間の婚姻は批判を免れたようだ。そのなかで納得できる真のミマキイリビコ系譜を探すことは、まさに難問だったようである。

そうした大和内での系譜探しをする史家に、「崇神紀」でミマキイリビコがオオビコの子ミマキビメを后としたと書いた直後に、その后がそれ以前に三人の男子と二人の女子を生んでいると記述していることをどう考えるかと問うてみたくなる。強弁されれば上述の例のごとく、「否」とは言えないが、それよりもミマキイリビコとミマキイリビメが三人の男子と二人の女子を伴って、渡来し帰化したという方がはるかに納得できるのではないだろうか。いや、私はそう理解すべきだと言いたい。倭のことについてイリビコ（外部渡来の男）が指導・指図をすることを、さほどにも恥ずかしく外に知られたくないということがこの混乱の原因だとすれば、アマテラスの威光はやはり大和の歴史を縛っていることになる。しかし大和の発展を願わないはずのアマテラスがそこまでするとは思えない。

今、ミマキイリビコと簡略して書いてしまったが、フルネームはミマキイリビコイニヱであり、「崇神」という漢謚号をもつ人物で、彼の出現によって大和の政治状況は一変するので、ここで章を改めるが、最後に「闕史八代」を簡単に総括しておきたい。この時代に『記紀』で「天皇」と呼ばれた八人のうち、「孝安」の一三六歳を最高に、百歳を超える「天皇」が他に四人いる。言うまでもなく中国辛酉説に基づく倭の建国一蔀（一二六〇）繰り上げの後処理のための年次積み増しの故だが、現実の歴史では人口増も着実だったと推定できるし、大和盆地のみでなくより広範な地域との交流も急速に進んで、倭土の中での大和の地位が強まったことは確かである。しかし代が変わるたびに都が移動するなどの不安定さもあり、さらに氏族共同組織の継続は緊密化の半面、政治の慣習化を生みだし、停滞社会の悪弊も生じかねない。倭が国家形成に向かうには、新たに強力な政治指導者の出現が必要な時代を迎えねばならなかった。それに応えるべく期待されて出現するのが、「崇神」と「垂仁」であり、この二人を含む一家集団の出現であった。

第二章　二人の入彦《イリビコ》がつくりだしたもの

大和勢力の拡大の道を開いた人物　崇神と垂仁

『記紀』は「崇神《すじん》」と「垂仁《すいにん》」の両者を一〇代、一一代の「天皇」としている。闕史八代を経て、倭の土地を安定して支配・統治する大王《おおきみ》（氏族の長を王と呼び、そのいくつもの王を統括し支配しつつ社会を統べる頂点に立つ者が大王、つまり天皇）と呼ぶものとすると、「崇神」も「垂仁」もともに「大王」ではなかった。前章で述べてきた大和氏族連合の王以上の力を持つ「大王」たるにふさわしい権力者の養成・指導の役割をもって、海の向こうの国から求められて渡来した人物というのが妥当であろう。もし数世代にわたってそうした任に当たり、大和社会の大半の承認があれば、渡来指導者であっても「大王」と呼べるであろうが、そうした経緯を持たないまま「大王」を振る舞えば、それは無謀な侵略者とされかねない。他国人の可能性を持ちながら、そうした社会の支持を得て「天皇」と名乗ることができたのは、まえがきで少し触れたが、倭国では一五代「応神」だけであろう。それについては後の章でさらに詳しく説明するが、「崇神」も「垂仁」も大和地方を大きく超えた活動はほとんどない。「崇神」には「四道将軍」の話もあるが、それは後述するようにそのたぐいのものではない。以下まずは「崇神」から始めよう。

「崇神」はどんな人物だったか。

「崇神」はどこから倭の大和盆地に渡来してきたか。『記紀』にはその記述がないので推定する以外にはない。結論から言えば、弁韓の地・金官伽耶《こんかんかや》であろう。『魏書』の「東夷伝」によれば、弁韓の地に狗邪国という小国があった。洛東江河口で倭に最も近く港の設備もあり、倭の対馬や九州筑紫との往来も頻繁だった。国の周辺で鉄を産し、周辺の「韓、濊、倭皆従いて之を取る」と書き伝えられている。金官国経由で倭への輸送も頻繁だったであろう。素人歴史家の私はつい数年前まで、「金官」を「キンカン」と読んでいたが、実は「コンカン」と読むのだと知った。「漢読み」ではなく「呉読み」であり、中国・南朝との交渉の深さから考えれば、九州にも頻繁に寄港していた百済の対中国交易船もこの金官の地に出入りしたに違いない。古代大和の指導者もそうした知識を持っていたであろうが、従来にも増して鉄を確保することが必要であることを深く認識して、そのための要の役として崇神一家をそろって移住者として招いたのだと思う。

私が崇神を『記紀』が言うように「開化」の子供ではなく任那からの渡来者だとほぼ断定しているのは、彼が倭で日常呼ばれていたと思われる尊名（日常尊敬を込めて呼ぶ名）の解釈からである。その尊名―ミマキイリビコイニヱは、子供の「垂仁」・イクメイリビコイサチと合わせて考えると、どちらもイリビコが含まれている。これは和語で言えば、「入彦」、つまり外から渡来してきた男子を意味することは間違いないのではないか。その後の「イニヱ」と「イサチ」はハングルで言えば「李ニエ」と「李サチ」であることも確か（ハングルは冒頭がRの場合にはRの音は聞こえない）なので、李氏の親子だと推定できる。「崇神」の最初の「ミマキ」は任那の「ミマ」説もあり、「ミマツ」の「ミマ」かもしれない。しかしそれでは、「垂仁」が「イクメ」と呼ばれることを説明できない。『記紀』の倭尊名の特徴から考えて、わかりやすくその人物の特性を表現したものと仮定すれば、「ミマキ」は服装の特徴であり、「イクメ」は厳しい顔の表情と言えるのではないか。もちろん推定に過ぎない。漢字で倭語の意味を表わした『古事記』が天皇名や高貴人名につける「タラシ」を「帯」と書くとの注釈を「序」の中で述べていることからの類推であるから、ハングルではそれぞれ別の固有の意味をもつ語ということもありうる。「二天皇」が任那渡来人だと断定したうえでの「駄弁」でなければいいのだが。

こうした推定をしたうえで、はるばる任那から知名高き「崇神」を呼んだからには、灌漑池の造成についての記事が『記紀』を賑わすかと思いきや、期待に反してまったくないと言ってよい。

わずか最後に、大和に隣接する河内の水不足の激しい狭山に、数多くの池を造ったとの記載があるだけである。それに代わって縷々書かれているのは、大和の民の中で疫病が流行し百姓流離という記述で、それが大きな社会問題となって、神々を祀る話が長々と続く。倭人でない「崇神」を呼び入れたことへの神の怒りかとの恐れが人々の中に広まったのであろう。しかしそうした行文の中に「晨興夕惕《しんこうゆうてき》」という文字が目につく。これを「朝早くから働いて、夕べには病を憂う」と読めば、人々は過労で困憊しきっていると解釈できる。それほどに灌漑池造成の労働が過酷で、人民が病で倒れるということとなった情景が浮かんでくる。疫病の流行が「崇神」を呼んだからではなく、池づくりの過重労働が人々を苦しめたほどに工事が進んだのだと思う。この神と人々の怒りを鎮めるために「崇神」は積極的に行動した。この話題は重要な事項で、『記紀』ともにあるが、『書紀』の方がより詳しいので、ここでは私の見解も含めてだが、以下紹介しよう。神の怒りを解くために、はじめは大和の北部、「開化」が支配した奈良・春日地方の池づくりに集中していた「崇神」は、大和の中心である志木（磯城）の広場に多数の支配層を集めて卜《ぼく》で神に問うた。その時「孝霊」の皇女が神憑《がか》りして大和のクニの域にいる「大物主神」を祀れば収まるとの宣託を得た。「崇神」が起居した館では、アマテラス神と倭大国魂神《やまとおおくにたまのかみ》は祀られていたが、大物主神はなかった。その無視された地元の神の怒りかも知れないと判断した。さらに「崇神」がいかなる神かを問うと、「大和の域内を治める神だ」との答えだった。それに従い改めてその神を祀ったが、それでも災難は収まらなかった。そこで神にそのわけを問うと、神は「それはわが意志だ。もしわが子の太田田根子を祀り主として祭祀をすれば立ちどころに平らぐ」とのお告げがあった。田を重ね、それに太をつけるなどは、いかにも面白い。他にも同じ夢を見た人が三人いることもわかり、広く探索の末に和泉の地でその人物を見いだし、祭主として神を祀ると自然に災難が収まった（私的なことだが、この件は私が学問研究の基礎に置いた「地域」の重要性を思いつくひとつのきっかけとなった）。代わりにそれまで「崇神」の住まいに置かれていたアマテラスの御印は笠縫の里に移された。それに仕える祭主の媛も置かれたが、アマテラスはいわば政治的には、外に放り出されたのである。

　このような神の話をこまごまと紹介したのは、重要な意味があると考えたからである。第一にアマテラスは倭では最高の神であり、同時に祀っていた倭大国魂神も広く倭土の人々の心をしずめる重要な神である。だが、大和の問題を解決するのは大和に限定された神がもっとも重要であり、そこに不満を持つ根元があるとすれば、大和域内の人々が心を改めねばならないという域内神の独自の教えである。第二にその不満は崇神が最初取り組んだ水不足の厳しい春日地方だけに意を注ぎ過ぎたことへの不満であり、水不足は他の地にも数多くあるという指摘である。「大物主神」の意志を導いたのは太田田根子だが、その名が示すのは何かと考えると、根子は尊名で地元人を意味するであろう。太田田は水田のさらなる拡がりを含意させていることは間違いない。

災いを起こして世に告げている域内神の不満とは、「崇神」が進めている灌漑池造成事業は大和全域に広げる必要を軽視したことへの警告である。その解決は大和内の氏族連合の首脳全員の合意でなければならないということを、当初は幾分か軽視したのではないか。この問題を氏族連合全体の場での祭礼を行うことで解決し、はじめて病の流行は収まった。この大和の経験を広く他の地方に広げるべく、いわゆる四道将軍が派遣された。北陸道、東海道、西海道、丹波道への影響力の拡大を目指したものだが、その北陸道への出口の和珥《わに》坂で聞いた少女の遊び歌から、異国人嫌いの謀反があることを知った「崇神」は、妥協することなくそれを断固撃滅する強者ぶりもみせた。

　この四道将軍派遣問題で尾張に関わる記事があるので紹介しておきたい。北陸道のオオビコと東海道を行くその子・タケヌナカワが「アイヅ」で会ったというくだりが『古事記』にあり、解説した著名な歴史学者がその「アイヅ・相津」は福島県の会津だと注釈していることだが、当時とすればそれはあり得ない。それについてわが友人の愛知の国史学者が、知多郡の阿久比《あぐい》だと想定したのは正しいと思う。古代の北陸道は近江、美濃を経て越《こし》(現・福井県)にいたる道だが、美濃の地にある濃尾の巨大な水郷地帯を避けねばならず、北か南に迂回するのが普通である。北回りは濃尾の平野の北端から越美山系の狭い峡谷を大回りせねばならない一方で、舟を使う南回りの場合は容易に知多半島北部に至り、それを北上すればよい。とすると、知多半島を東行する東海道ときわめて接近することになる。知多半島北部に阿久比と呼ぶ地があり、衣浦湾の港と繋がる。地元ではアグイと呼ぶが、グは弱音化しやすいのでアイと聞こえる。それに津を付ければアイヅとなる。地元民ならではの呼び名である。しかし、そんなことよりも常識的に言って、「崇神」の時代、大和から会津に向かう徒歩での交流はあり得ないのではないか。もっとも会津には応神・仁徳時代の遺物を埋葬した古墳があり、その調査が進めば、結論が違ってくるかもしれない。

こうした「崇神」の指示による交流で、倭における大和の地位を高めたことは確かであろう。その現れが、「崇神紀」の末尾近くで書かれた河内の土地での池溝の整備の記事となったのだと思う。四道将軍派遣のなかでもう一つコメントすると、他の三道と比べて、丹波道は短小な地方道ではないかという疑問を持たれるかもしれない人への回答である。丹波道が選ばれたのは、「崇神」の溜池灌漑指導がもっとも広く受け入れられた地域だからである。由良川という大河の上流ながら、低い谷を流れる水の利用が難しく、稲作が困難だった。この地方ではわずかな地形の窪みを有効に使うだけの工夫で、いくらかは利用可能となる溜池灌漑の水田構築が多かった。大和との交流はとりわけ重要な地方である。と同時に、開発技術が採用されれば、より安定した河川灌漑も比較的有効な地域でもあり、後のことだが、応神の時代にはその開発も進んで、先進的な稲作地域となりえたところでもあった。

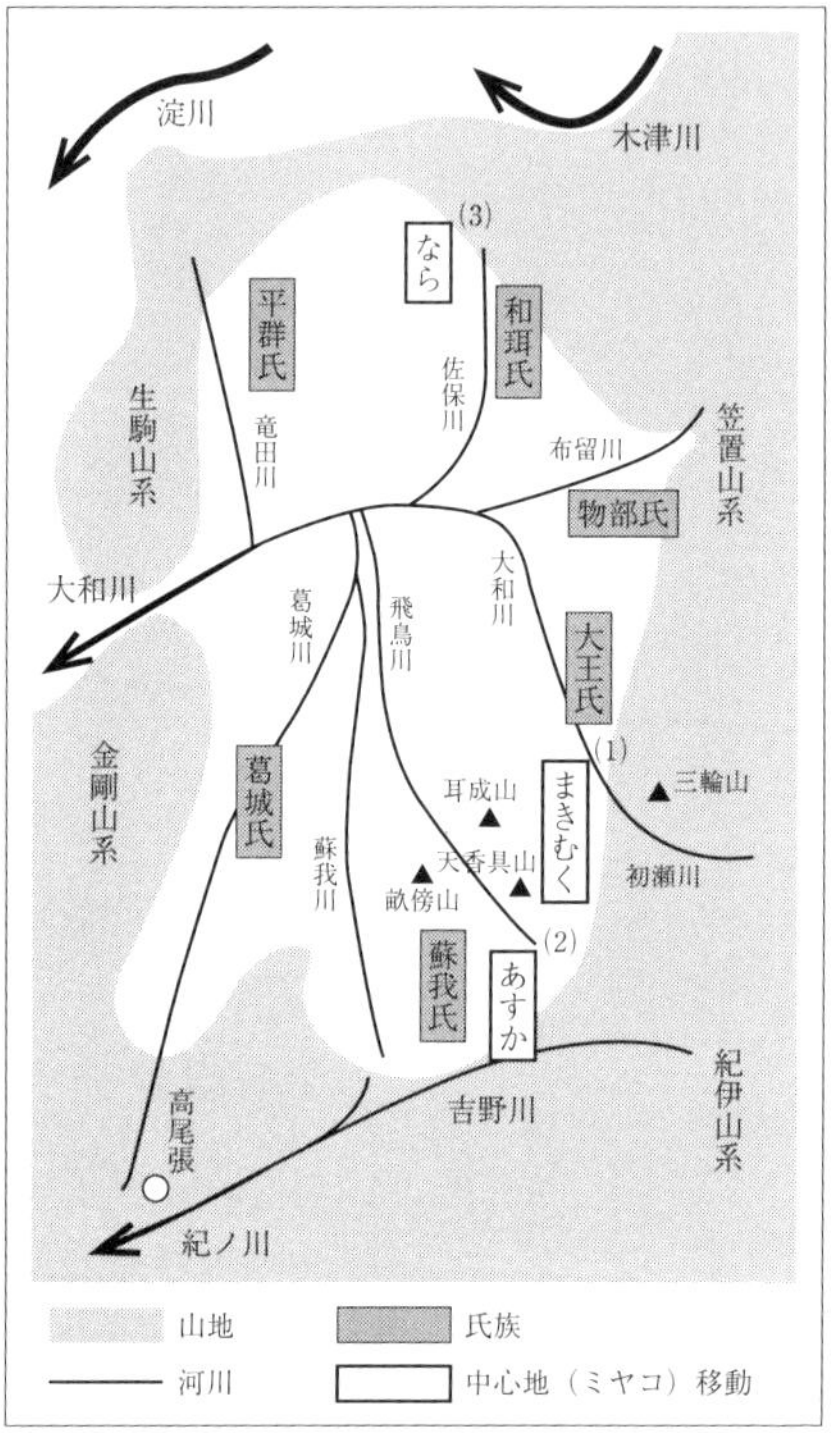

大和盆地の水系と古代氏族

もう一つ、書き残さねばならないのは、「崇神紀」一七年の【船は天下の要用なり。今、海の辺の民、船無きによりて甚に歩運に苦しむ。其れ諸国に令して、船舶を造らしめよとのたまう】の部分である。尾張氏の紀ノ川利用のことは先述したが、それは物資の輸送を容易にするだけではなく、外部から大和盆地に来る貴人・要人の輸送の多くも担当することになる。「崇神」もそうでなければ、彼の妃として紀ノ国の姫と並んで尾張氏の大海女姫を選ぶ機会はなかったであろう。その結びつきは尾張氏が大和で有力な地位を獲得する機会をもたらした仁徳の場合にも存在したはずである。そう考えると先の崇神の令によって大和人の河利用が進み、大和の氏族の活動の舞台にもなって多くの利益をもたらしたに違いないが、後にそれがいかに氏族の繁栄をもたらすかは蘇我氏のケースでわかる。大和川の小支流である蘇我川の流域は蘇我氏の支配地であり、かつての尾張氏と同じく紀ノ川につなげてそれを独占的に利用できたことが蘇我氏の興隆につながったと思われる。大和でのミマキイリビコイニヱの教導はこうした微細にわたる分野にまでに及んでいる。その教導は彼の子イクメイリビコイサチ（垂仁）に引き継がれ、より広域に、かつまたより急速に進められていくことになる。

垂仁の業績と大王の出現

「垂仁」は父の「崇神」と比べて指導者としての力量や決断力という点では劣ったかも知れないが、それをより広げることについての人格的広さが加わって、すぐれた指導者だったと言えるのではないか。まさに「垂仁」という諡号がぴったりする人物だったと、『古事記』からは読み取れる。しかし、「垂仁紀」ではそんな思いは浮かんでこない記事が多い。そこでは、「崇神」の業績を伝え聞いた任那人ソナカシチの来倭が「崇神」の死後だったために会えず、むなしく帰国するとき土産に持たせた赤絹を新羅に奪われたこと、また後の「応神」代に来倭した「天日鉾《あめのひぼこ》」について『古事記』が但馬に定住し、その地を開発する話が、『日本書紀』では、彼の持参する宝物を調べると出石産の小刀を隠し持っていたなど、この時期ではまだありえなかったような事件を通じて、倭の強大化に伴う周囲国の動向記事が目立ち、強く豊かな倭とそれへの外のクニの羨望、そしてそれに起因する新羅への非難などがかなり意識して並べられている。これが『日本書紀』編纂の一つの狙いかとさえ思わせる。新羅妨害情報について言えば、当時、新羅の支配力は辰韓の域を超えるほどではなかったという研究者も多くいる。後にも触れる。

もっとも、「崇神」の業績を引き継いでそれをさらに広げたという本来の彼の業績はしっかりと書かれている。大和の狭山池《さやまいけ》、迹見池《とみのいけ》を作り、河内の高石池《たかしのいけ》、茅渟池《ちぬのいけ》のほか、「諸国に令して多に池溝を開らしむ」というのは、大和の勢力が強大化して各地に広く伝わり、大和を越え始めたことを示している。垂仁三十五年段に書かれた灌漑池の「数八百、農を以て事とす。是に因りて、百姓富み寛ひて、天下太平なり」の文章はかなり事実であったと思われる。なかでもとくに次代に大きな影響をもったと思われるのは、丹波の開発であった。そのきっかけとなるのは、初めての「垂仁」の子ホムチワケとその生母である最初の后・沙本媛《さほ》をめぐる事件である。『記紀』ともに詳しいが、より多く状況を明瞭にしてくれて、次代への展開につなげてくれるのはやはり『古事記』である。沙本媛はホムチワケ王子を生んだ。その媛の兄の沙本毘古《さほびこ》は大和・春日の王であったが、異国の指導者・垂仁を嫌い、妹を説得して小刀を渡して睡眠中の彼の殺害を指示した。悩んだ媛は心揺れてなかなか兄の願いを果たせず、落とした涙で目覚めた夫から問われて事実を打ち明ける。沙本毘古の反逆を知った「垂仁」が「その兄を怨みつれどもなおその后を愛しむ得忍びず」と言いつつ、沙本毘古と戦い彼を撃ち殺した。二人への愛に苦しむ沙本媛は戦の場に現れ、ホムチワケとともに渦中に飛び込むが、二人を助けるよう命じられていた戦びとが辛うじて子供だけを救い出した。媛は死に際に、子供を丹波の二人の女に世話させるよう依頼して死んだが、子供は無事に育った。しかし成長しても、ホムチワケは言葉を発しなかった。慈愛深い父は尾張の相津から「二俣榅《すぎ》」でつくった舟を送らせ、池に浮かべて遊ぶうちに、大空を飛ぶ鵠《くぐい》を見て口を動かした子供の観察から、その鳥を捕らえるよう命じた。追跡のコースは紀ノ国、播磨、因幡、丹波、但馬からさらに東へ、近江、美濃、尾張、信濃を経て越の地でやっと捕らえた。しかし子供はその鳥を見ても喋らなかった。悩んだ「垂仁」は夢見で、豪華な宮を造れと要求する出雲の祟りだと知った。そこで「垂仁」は占いの誓人をつけて、ホムチワケを出雲に行かせた。その経路も誓人の指示で奈良道と大阪道を避け、紀ノ道を選んだうえに丹波を通過している。その経路にホムチ部を設定しながら出雲の肥ノ川域に至った。そこで仮宮を建て、出雲の国造を迎えた時、初めてホムチワケが彼方に見えるのがオオクニヌシを祀る宮かと声を発した。そこで接待を受けた姫と一夜を明かしたが、翌朝それが蛇であったことを知り急ぎ逃げ帰った。そして出雲の祟りが解けたことを祝って、鳥取部が設けられた。

この長い説話の大筋でいくつもの興味あることがわかるが、それは読者に任せよう。私にとって最も興味があったのは当時の稲作の進んだ地域が数え上げられたことである。ここに倭土の最初の開発地の出雲がないことに気づいて『出雲風土記』を見ると、稲作のための努力はされたが厳しい気候のために開発が難しかったことに触れた箇所があった。しかし出雲と同じ気象をもつ因幡、丹後での稲作は成功していることを考えると、反大和の怨念をもつ出雲には、その技術が伝わらなかったからであって、大事なのは自然や気候ではなく、技術伝授の問題であった。この問題の解決は、大和への出雲の恨みを理解した応神代以降であろう。「風土記」では、わずかに宍道湖の南の丘陵地が広がる大原郡で、大原と呼ばれる水田が一〇町ほどある村のことが書かれている。当時の土地の広さの単位は今の四割程度とされるから、そこが地名として残るほど目立っていたということは、全般的にその低さを示しているように思う。同じ地形の広がる丹波の開発水準の高さのほどが推量できる。

それ以後の「垂仁紀」のどこにもホムチワケのことは出てこない。私にはそれがわかるが、後代の「大王」なので、ここでは触れない。そして晩年、「垂仁」は近くにいる二人の兄弟を呼んだ。兄は実の子だが弟は大和の古い豪族・纏向《まきむく》の王の子で、次代の指導者として崇神・垂仁に育てられていた。「垂仁」が「各々願わしきもの」を尋ねると、兄は弓矢を、弟は大王位を願った。弓矢はすぐに与えられたが、弟には「汝は必ずわが位を継げよ」と告げた。長生きした「垂仁」は晩年、隣の山城にも足を運び、美女の妃を見つけて三人の男子をもうけた。他にもよく知られた話題はあるが省略して、一つだけ述べたいのは、「崇神」が大和の笠縫に移したアマテラスの霊を敬い御心を鎮める場所を求めて、北陸道を北に向かい近江の息長《おきなが》の地を東進して、美濃の揖斐川沿いで現在でも同じ地名が残る安蜂間（安八）の座倉に至ってそこから船で南下し、伊勢の海をさらに下って、アマテラス大神から「この地に居らん」と希望された五十鈴の川上に移させた。これが神の自由意思なのかどうかは書かれていないし、私にも判断できないが、大和の東の日いづる地への安置によって、「崇神」とは違って「短命」の罰が下されることはなかったのかもしれない。距離が近い大和から伊勢へ、直接の東行きの移動路を行かず、北上し南下するというコースは、神（太陽神のアマテラス）を敬う意思ありと認定されたとも思える。読者は先にその途中の地と書いた不破の関の手前に東近江の息長の地名があることを記憶しておいてほしい。最後に登場することになる。

第三章　「景行」とヤマトタケルの史的実像

――付として神武東征の実相――

倭の尊名で言えば、オオタラシヒコオシロワケ・「景行」とその子ヤマトタケルは、前者が倭国成立時の大王となり、後者はその大王の挙げた成果の最大の功労者である。そのせいもあってか、この二人についての『記紀』の記述はいささか誇張が多すぎるように思われる。建国の高揚感が漂っていたのであろうか。

「景行」の功績はなにか

「景行」は大和の纏向《まきむく》、つまり大和の出発の地である大和川水源に近い三輪山の麓の豪族氏の出で、「崇神」、「垂仁」の薫陶を受けて育ち、「垂仁」から将来についての問いに、大王になると答え、そして事実大王となった。尊名にあるタラシは『古事記』の序の説明で、倭語の意味を漢字で表すと意味が不明となるので、タラシを帯で表す（ほかにクサカを日下とするがある）と書かれた言葉である。それから考えると特別目立つ帯を身に付けていたのかとも思うが、「天皇」と書かれた人物以外にも、幾人もタラシが付く人物が存在するので真の意味はわからない。「天皇」では「孝安」が初めてタラシを名乗ったが、それにオオをつけたのは、景行が最初である。大和文明の発祥の地・纏向の豪族の長であり、「大王になる」と公言していたが、「垂仁」の薫陶をたっぷり受けて大和の王からより広い地域の大王、つまり倭国の王となった。ここに倭国の初めての大王（天皇）が出現したのである。これまで記述されてきた「闕史八代」から二代にわたる「イリビコ」時代を経て、倭国が確立した。支配者の場所、御屋《みや》（都）についての記載は慣例的な形式となっているにも関わらず、景行紀には記載されていない（ただし『古事記』には纏向の日代宮とある）。その地は彼の居宅の場所なので、特に言及されていないのであろうか。ただ景行三年に紀伊の国で数多の神祇を祀って即位の報告を予定したが、占いで凶と出たので中止したという記載がある。まだ従わぬクニもあったということだろうか。確かに、九州の最大の強者・熊襲が残っていた。それを服従させて、はじめて大王なのである。

彼の代には大和の勢力は隣接する河内、摂津、山城、丹波を越えて、西国一円から美濃、尾張、伊賀、伊勢一帯に及んでおり、后は播磨の豪族氏から迎えた。彼の十数年の努力で九州のほぼ全域を勢力下に置くにいたった。『記紀』ともに、彼は八〇人の王を従えたと書いており、その勢力の大きさが誇示されている。西日本の広大な地域に自らの血縁をもつ人物を配置し、クニ、郡の長に封じていた。これも国の大王であれば当然であろう。ただ西国でも但馬、丹後、若狭、近江、越はまだ域外であったし、尾張以東の東国の支配権はほとんどなかった。

　播磨の豪族の姫から迎えた后の生んだ双子の兄弟の大碓《おおうす》と小碓《おうす》（ヤマトタケル）をはじめ、尾張・美濃境に住んだ崇神の子の八坂入彦《やさかいりびこ》の女《むすめ》を妃として迎え、彼の後継者を生ませた。各地の妃が産んだ「景行」の子は八〇人と書いているが、名前の挙げられたそのなかには、日向髪長大田《ひむかのかみながおおた》根《ね》姫、日向襲津彦《ひむかのそつひこ》皇子という人物も記載されている。しかしその姫は仁徳に譲られる別の記載もあり、皇子名も熊襲のリーダーで降服して後、葛城襲津彦と改名してとくに任那問題で活躍する人物と紛らわしく、事実はどうかといろいろ検討してみたが、結局不明で疑わしくその後どこにも書かれていないので無為に終わった。

「景行」が支配した広大な国土支配地の名前はふんだんだが、それに至った事績についてはほとんど何も記述されていない。それはヤマトタケルの項で詳しく述べられるからだろう。ただ七年にも及ぶ九州遠征のなかで、詠んだとされる大和を想う三つの歌が強く印象づけられる。世間に最も膾炙している一つを紹介しておく。

倭は　国のまほらま　畳《たた》づく青垣《な》　山　籠れる　倭し麗し

大王としての都を想う心の高さが生きている歌である。単なる望郷ではなく、倭国初代の大王になり切って、新たな支配地に立って、都の大和を美化しつつ、誇り高さを自ら宣言する重要な政治的パフォーマンスの結晶であって、心に残る。

倭建（ヤマトタケル）の活躍の真実

「景行」の九州での活躍については、遠征に遠征を重ねた詳細な記録が『書紀』に残されている。しかしそれ以外はほぼすべてヤマトタケル（倭建・幼名 小碓）の活躍話である。彼は兄の大碓の臆病・虚弱と違って、壮健・勇猛である。兄・大碓は、『古事記』では一緒に食事をせよという父の伝言を守らせようとする弟の粗暴な行為で殺されてしまうし、『日本書紀』では西国での弟の活躍の後、東国派遣を懼れて美濃の地に隠れてしまう臆病者として記述されている。当時の末子相続の慣習を極端に示したものとして読むべきか。その弟、幼少の呼び名「日本童男《やまとおぐな》」が成人して日本武尊となり、「美貌すぐれ、身長一丈、力強よく鼎《かなえ》を扛（挙）げたまう」という最大級の紹介がある。もっとも兄の美濃での末裔は身毛《むげつ》勢力として広がり、天武を天皇たらしめた「壬申の乱」で大活躍することを思うと、『日本書紀』の全構造の壮大さが浮かんできて改めて驚嘆する。こうした事例は他にもいくつかある。

ところで、ヤマトタケルの初めての武勇伝は、まだ一六歳の時に一度恭順した熊襲が再び騒いだとして、その鎮圧を「景行」から命じられた。ごく少数の供とともに日向に向かい、相手の首領、川上梟帥《たける》を童女に扮装して近づき刺殺して、「汝こそ真の倭の建《たける》だ」と言わせ、熊襲の騒ぎを鎮圧した。その令名は西国一帯に広がり、各地の無頼者を殺し、すべての騒乱を平定した。その勲を高く褒めた「景行」は、同四十年、東国の蝦夷が暴れ人々の苦しむのを救えと再び討伐を命じ、副将として吉備武彦《きびのたけひこ》を同伴させた。この「景行紀」の叙述に対して、『古事記』は兄を殺すほどの危険な人物を近くに置くことを嫌った「景行」の策略という書きぶりで、武尊が途中に立ち寄った伊勢の神に仕える叔母の倭姫に哀訴し、自己の心情を吐露している。しかし叔母の励ましと、奉置された草薙剣を与えられるなどで気を取り直して東国に出発した。その討伐の経路もまた『記紀』で異なる。『古事記』では、まず尾張に立ち寄り、尾張の宮簀《みやす》姫との出会いがあり、尾張水軍の協力で相模の焼遺《やきづ》に至る。その地の国造の計略で火攻めの難に遭うが、草薙剣で草を薙《な》ぎ、迎え火で逆に相手を撃ち倒すという武勇伝が語られる。しかし「景行紀」では尾張によらず直ちに駿河の焼津《やいづ》で同様の災難に遭うが、草薙剣の活躍で敵を倒すという場面が叙述される。両書ともに草木を焼いて攻撃する戦いを描くのは、まだ焼き畑農業の暮らしが日常的だったことを暗示するもので、それが古い縄文の暮らしと合致することから、当時、駿河の地でもま

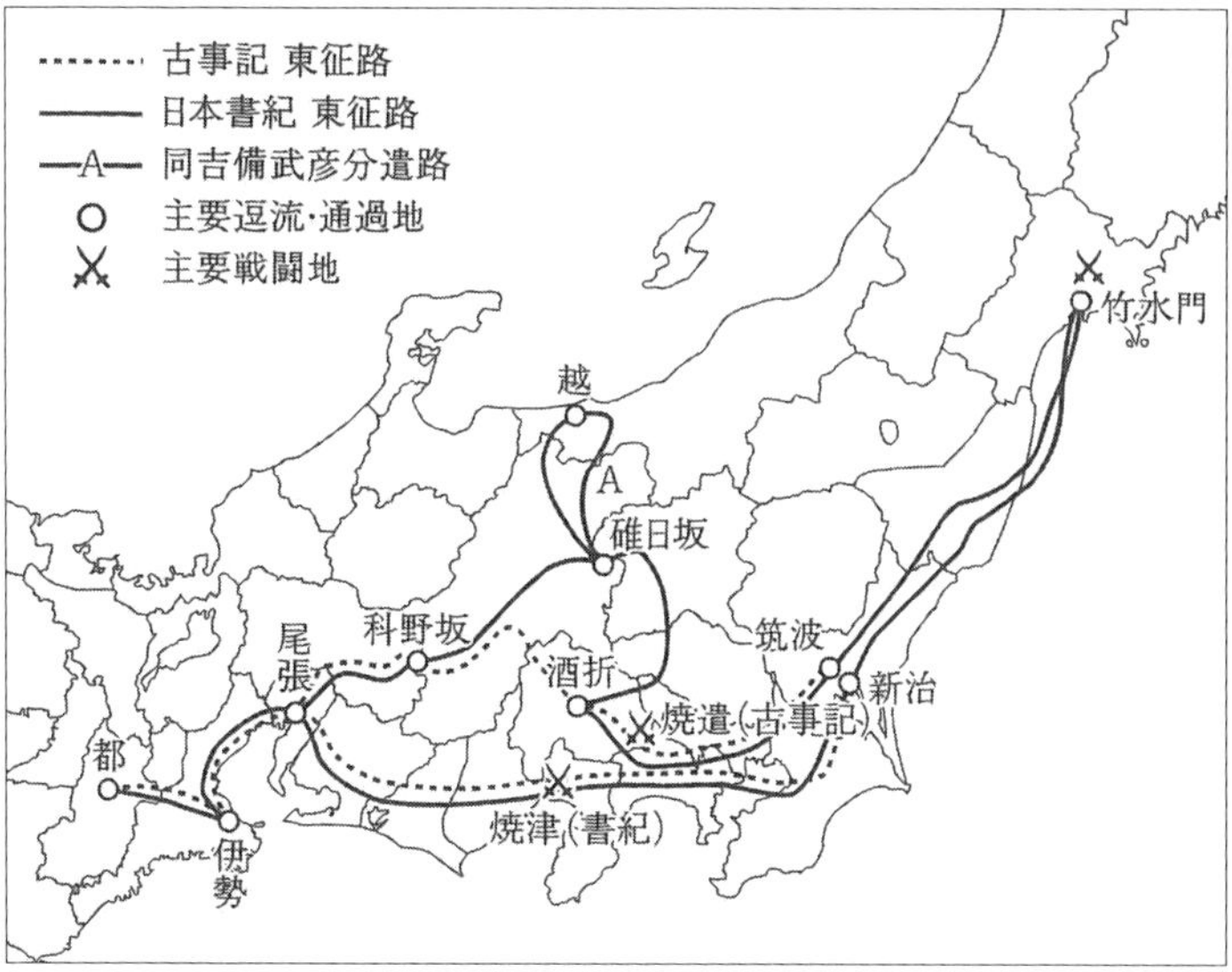

ヤマトタケルの東征行路図

だ本格的な弥生文化に接する前かと思わせる。登呂の生活跡はこの五世紀半ばでは部分的だったのであろうか。一方の『古事記』が伝える相模の焼遺は、地形的にも気候的にもより縄文的状況が濃厚で、あるいは北日本に広くひろがる蝦夷との交流も存在していたと思われるので、「蝦夷征伐」のための遠征話は、『古事記』の描写がより事実に近いのではないかというのが私の判断であるが、どうであろうか。無粋ついでに、武尊が草を薙ぎ払って難を逃れたので、その刀を「草薙剣」と言うという説が一般に流布しているが、それは事実とは思えない。『記紀』ともに天孫降臨の神話で草薙剣の名称は出てくる。本当らしい説はいくつもあるが、クサは蛇のことで、神話にあるスサノオ命が出雲で八つの頭をもった大蛇を退治し、その体を薙いだときに出てきた剣で、アマテラスに献納したものであり、倭国への降臨時に与えられた時も、名称は草薙剣である。

ヤマトタケルは関東一円・蝦夷地を制圧したか

ところで、そこからが本当の東征で、『古事記』では東京湾の出入口の狭くなった「走り水」で嵐に遭い、沈没しかねない船から海に身を投げた妃・弟橘媛の入水で難をのがれ、筑波を経てほぼ関東を一巡する「武勇伝」がつづく。一方『書紀』の方はさらに大風呂敷で、陸奥に至り蝦夷の首領を捕虜として引き揚げるほどの大遠征となる。どちらも帰りは甲斐の酒折宮で休息して夜を過ごすが、そのとき遠征を顧みて「日日並《かがなべ》て　夜は九夜　日には十日を」の歌を従者が即興で歌い上げる。この大袈裟話をより真実に近づけるために私は駿河、相模の地方史を読み漁った。

そこで発見したことは、駿河から相模に抜ける「たける道」という小道がかつてあったと書かれたことを「地名辞典」の中でみつけた。もしそれが「英雄の東征物語」のコースとすれば、かなり事実に近いかもと思った。とすれば草薙の地は静岡の焼津ではなく、相模の足柄から富士山麓のコースに軍配を挙げたくなる。当然それ以東・北への足跡はなかったことになる。そんな無為とも見える私の考察は、帰路を往路と同じ海路ではなく陸路とし、未踏の甲斐の帰路から信濃を経て尾張に帰らせた執筆者の意図の重要さにこだわったからである。『書紀』には『古事記』

にない「蝦夷はすべて従順になったが、唯信濃国・越国のみ未だ化に従わず」と述べたことの意味の重要さを浮き彫りにさせて、後の悲劇と結びつく。蝦夷征伐の統率者、武尊が副将の吉備武彦にわざわざ越を巡検させたという記述はいかにも唐突だが、深く考えれば、越は大和に勝る稲作の新技術が広がりつつあり、信濃は出雲王権を倭に倒され、追われて諏訪に逃げこんだ大国主の子、建御名方《たけみなかた》神が残ったままだったのであり、強力な反大和、反景行の地である。遠征中にそこに気づいた武尊が、帰路でその実情を直《じか》に知りたくなったことが、「景行」の指示を越えて内陸経由のコースをとった理由ではないかと思う。もしそうならば彼は比類なき名将軍であり、その理解が副将にあれば、武尊はその少し後に命を落とすことはなかったかもしれない。武尊は難渋した恵那の山越えのあと吉備武彦と合流し、とりわけ異常のないことを確認するが、その油断が武尊の命取りになることには不運にして気づかなかった。

信濃、美濃を過ぎ、尾張へ入る峠で往路で水軍を指揮した建稲種《たけいなだ》（宮簀姫の兄）の水死の報に武尊が「うつつなれや」と涙を流した話は、峠名「内津《うつつ》」にかけた地名話だが、この峠周辺地方ではいまでもヤマトタケルの優しさを示す重大なくだりだと信じられている。その優しさそのままに、尾張の宮簀姫との深い情愛の歌合わせでこの物語の終幕を迎える。「汝が著せる　襲《おすい》の裾に　月たちにけり」のタケルに対して、「諾《うべ》な　諾な諾な　君待ち難に　わが著せる　襲の裾に　月立たなむよ」と返すミヤスの歌は読者の情感を誘う文学性豊かなものである。もっともこの歌合わせは『古事記』にしか書かれていない。この二人の幸せがどれだけ続いたであろうか。

伊吹山麓で倭建が戦った相手は誰か

「淹《ひさ》しく留まりて」という語を使っているので感覚的に二〜三年と読みたいが、その短い遠征の間にも時代は変化していた。尾張の長、建稲種死亡の後、尾張は急速に稲作革新派に接近し、大和勢力から離れていくが、まだ尾張にいた武尊はそれに気づかない。草薙剣（強力な尾張軍を指す）なしで、両者が衝突する伊吹山近くでの争いに加わり、そして敗北した。武尊の敵は河川灌漑による稲作で強大な勢力になった越、美濃、北近江の勢力であった。それを証拠立てる遺跡が西濃の揖斐川中流の「野遺跡」にある。そこからは日本に三個しか出土されていないと言われる中国江南の生産になる「四霊三瑞鏡」が発掘されており、その河川灌漑水稲の先進地で習得した先進稲作の担い手勢力が、すでに越から山を越えて美濃にまで浸透してきていた実情には、武尊はまだ気づいていなかったのである。先に触れた「越いまだまつろわず」の言はまさにこのことの「予感」であった。この時代の歴史はかくも大きなスピードで進んできていたのである。

日本に三個しか出土されていない中国江南産「四霊三瑞鏡」

言うまでもなく尾張軍を欠いて〝素手〟で戦いを挑んだ武尊は大敗し重傷を負い、その痛みに耐えつつ帰途に就くが、その途中、伊勢国の能煩野《のぼの》で息絶えた。『古事記』ではここでの薨去後の状況を九つの歌と、駆けつけた妃や子らの悲しみの情景を交え、八尋の白鳥となって大和に向けて飛ぶタケルに、地上で追いすがる姿まで縷々その哀惜を書きつくす、『古事記』随一の名場面が長々と続く。それに比べて「景行紀」のそれは、東征に随行した吉備武彦にタケルが「捕虜の蝦夷を伊勢神宮へ奉納する手続き」と、「本来は為すべき大王への東征報告が直接できないことへの謝罪の言葉」を託したという記述であり、それを短時日のうちに済ませたということを表現して、中国「礼記」に出てくる「隙駟難停《ひのあしとどまりがたし》」の四文字まで使って書き表すのとを比べれば、両書のもつ性格と意味の違いがいかにも明瞭で、片や悲哀に充ちた文学的表現ならば、他はなすべき報告を誠実なまでに綴る事務的叙述であり、両者の性格の違いがいかにも対照的である。地理学をやった私がもう一つ付け加えれば、「なぜ武尊の最後の地が能褒野だったか」の考察である。そこは美濃でもなく尾張でもなく出発の地・伊勢だったことで、伊勢に始まり、伊勢で終わる「東征」がやっと完結できたというシメのためであったということだろうと思う。

美しく語られた最期

『古事記』に出てくる九首の歌などを参考に、武尊の最後を主に散文でもっと詳しく探ってみよう。まず彼が東近江の醒ヶ井《さめがい》で負傷から立ち直り、大和へ向かうとすれば、直近の北陸道を南下するのが普通である。しかし彼は杖突坂の峠を越えて反対の伊勢へ出た。そして「三重」に膨れ上がった重症の脚を引きずりながら、出発地に休息した美濃・伊勢境の尾津に辿りつく。そこで往路の時忘れて置いていった太刀を見つけ、歌を詠む。

尾張に　直に向へる尾津の崎なる　一つ松あせお　一つ松
人にありせば　太刀佩けましを　衣著せましお　一つ松あせお

難渋しながらもこの地に来たのは尾張の宮簀姫に会いたかったからであろうか。そこで大和を想う三つの歌を詠う。それは「景行」が日向で詠んだものと同じで、もう一つが、

嬢子《おとめ》の　床の辺に　わが置きし　つるぎの太刀
その太刀はや

である。やはり姫とともに、草薙剣にも心があった。そして死を迎える。急ぎ驛使が大和へ向かう。そして后や子供たちが駆けつける。泣くなく仮の御陵がつくられ、詠まれた歌は、

なづきの田の　稲幹に　稲幹に　匍ひ回る　野老蔓《とこかづら》

それに応えるように、八尋の白鳥が飛びだし、浜に向かう。妃・子供らはそれを追い、泣きながら詠う歌が二つ。どれも浜辺の磯づたいに白鳥を追う歌である。その鳥は大和の志木に舞い降りた。と、そんな情景を『古事記』は伝えてくれる。

『書紀』の描写は少し違う。尾津の浜の情景も詠んだ歌はまったく同じだが、重要な一文が入る。**【然してやうやくに立ちて、尾張に還ります。爰に宮簀媛が家に入らずして便《すで》に伊勢に移りて、尾津に到りたまふ】**。そして先の「一つ松」の歌を詠う。休憩の後、能褒野に向かうがそこで最期を迎えることになる。尾張に帰ってどうして宮簀姫に会わなかったかは私の「武尊読み」の不可解なコブであったが、ある時突如として気づいた。「尾張に還ります」の一言は尾張へと、正確には尾張の姫のもとへと還ったのではなく、姫のもとに残した太刀への執心の重さだったと気づき、まだまだ私の『記紀』読みは浅かったと自覚した。彼は『紀』にその名を残した名将であったのだ。この尾張の太刀の話は最後の「持統紀」直前にもう一度出てくるので、頭に残しておいてほしい。そんなことを考えながら読めるのも、『日本書紀』は長さを感じさせない長い一連の古代史物語である。

志賀の都の憂愁

日本武尊の死亡によって「景行」の勢いは急速に低下するためであろうか、衰えを感じさせる文がしばし続く。「景行」は建国年次を大幅に早めたために生じた年次調整による「長生天皇」の中でも最長の一三七歳（「書紀」の書く死亡年は一〇六歳）だが、ヤマトタケルの戦績の地を巡る旅を続けるなど蝦夷の治安に尽くしたと書かれるが、その真偽は明らかではない。なぜか最後の三年間は南近江の高穴穂宮（通称は志賀の都）で暮らした。なぜ大和の纏向を離れたかの記事はない。次の位を継いだ「成務」も同じだったので、纏向の自分の生まれ故郷の御屋さえも失うことになったのではないか。「成務《わかたらしひこ》」は后も子供もなく、それでも一〇七歳まで大王として生きたことになっている。あとに残された「たらし」の尊名を名乗れるのは、武尊の残した子とされる筑紫の中《なか》津《つ》足彦《たらしひこ》・「仲哀」だけである。彼が支配したのは筑紫の一部でしかない。その二人（「成務」と「仲哀」）を「大王」と呼んだとすれば、倭国の確実な大王だった「景行」の南近江の「志賀の都」（高穴穂宮）での事績は、建国の出発年次の大幅な繰り上げに使った以外に意味はない。単なる埋め草でしかない。はるか後、その都の跡地で平家の武将がこの都を「昔ながらの山桜」と読み残したが、それほどに『記紀』での「志賀の都」の扱いは初めての大王の最後の地らしからぬ人生の憐れみを残す場でしかなかった。彼「景行」の永眠の場は大和の「やまのべの道」に沿った土地で、かつてそこを散策した時に耳にした老農夫の「景行さんの大事な水」の話は、昭和につくられた「吉野川東分水路」のことと知って、大和人の心の底に遠い歴史が残っていると実感した経験は懐かしい。

最後をそうした無駄話で埋めざるをえなかったとすれば、つづく倭国の歴史はどんな勝者を照らし出すのであろうかと期待したくなる。次章はそれを扱うが、この章を終わる前に「神武東征」話はどうなったかについてもつけ加えておきたい。『記紀』に最初の天皇と書かれた神武の東征ばなしとはなにかについて私の意見である。

景行天皇陵（渋谷向山古墳）

神武東征の実相

ここで「神武」の東征を問うことに意味はあるのかと問われれば、あると答えたい。私は倭国で最初の大王は「景行」としてきたのだから、初代「天皇・神武」はなかったということになる。だから叙述の長い「神武紀」は架空であり、それを考えるのは歴史的に言って無意味だということになるが、必ずしもそうとばかりではない。そこにはある別の真実が語られていると思うからである。その顕著な一つが八咫烏《やたがらす》の活躍ばなしである。もともと八咫とはその大きさの異常さである。咫は両手を左右に伸ばして、両指先の間の長さであるから、それを八つも重ねた長さは、普通の言葉で言えば「巨大な」といった意味となる。神武東征で出てくるのは巨大な鳥という意味で、その活躍が話の真意かと言えば、それだけではなく、他にもっと大事な意味をもっている。「八咫烏」は三本の足をもった怪鳥の「三足烏《さんそくう》」で、もともとは高句麗の戦旗に描かれた鳥である。それが何故神武東征の「神武」を援ける鳥なのかは、当初はまったく不明だったが、ある正月のＮＨＫテレビの放映で熊野神社を守る霊鳥だと知った。そして「もしや」と気づいたのは、サッカー日本代表チームのエンブレムに使われているのは、熊野神社との何らかの関わりの故かと考え、東京への学会出張の折、暇を見つけて日本サッカー協会を訪ね、そのことを問うた。結構長時間待たされ、「確認はできないが、初期のサッカー協会の理事で、熊野神社の神官だった人がいたようだ」との返事をもらった。確かにサッカーで三本の足が使えれば、力は数倍化するわけで、それへの願いを込めた素晴らしいエンブレムで、真実だろうと信じている。が、それが真実としても何故「神武東征」で使われたかという問いには必ずしもつながらない。それを解くべく『記紀』の当該部分を読み直した。そして一つの解を得た。以下それを語ろう。

サッカー日本代表のエンブレム

韓・北方民族の歴史で、高句麗と百済は常に対抗し争った。その際、百済は熊、高句麗は三足烏を旗印とした。そのことは韓系民族との旧い交流の故に、倭でも知られていたにちがいない。その倭では、遅れて植民してきた百済系の人々である熊襲は、実際の野性の熊と混同されがちで熊襲＝悪のイメージが強かった。熊野神社のある熊野地方はその狂暴な野生の熊の被害が多く、三足烏はその被害除けの宝鳥なのである。そうした状況の地に「神武東征」がなされ、大阪湾から東へ攻める（太陽に刃向かう）神武軍の損害の大きさから、転じて南の熊野の北上のコースが選ばれる。

ここまでは『記紀』の記述は精粗の差はあれ同じだが、その軍勢の上陸の場所では若干の、しかし大きな意味をもつ違いがあった。『古事記』では直ちに熊野川を北上し熊野神社地域に到達するが、野性の熊の毒気で戦士らは萎えて動けなくなって眠らされてしまう。天上の神は無敗の剣（師《ふつ》）を地上に届け、そこに居住する高倉下《たかのくらじ》の手で神武に届けられ、蘇生した軍兵が活性化し、さらなる北上を続けるが、それを無類の強者として援ける三足烏の協力で順調に大和に至る。一方、「神武紀」では、船が熊野川付近で強風に流され東進し、伊勢国の荒川津（現錦浦）付近に上陸させられるが、そこで悪しき神を殺した毒気に当てられて戦意をなくした兵士らは昏睡に陥る。あとは同じ天からの師の剣を高倉下から受け、回復して熊野川に戻りそこを北上する。神の話にまで深入りはしないが、霊剣を仲介する高倉下は、先に登場した尾張氏の水軍の頭なので、異なる地に随時出現可能というところが面白い。熊野河口を過ぎてさらに海上の東行を強いられて伊勢国の地に上陸したことのもつ意味は、東征軍の人のすべてが伊勢に移されたアマテラスによって身を浄められたということではないか。不敗の剣を与え睡眠を強いたうえでその間に心身潔斎が済まされた戦《いく》さ人は、まさに向かうに敵なしという状況となりえたのであり、最後は勝利に終わる。抵抗力は強大で金鵄《きんし》まで繰り出さなければならない激しさだったが、どちらも天上から舞い下った勢力（倭の地に縄文人に遅れて登場した人々）だったことがわかり、どちらがより格上だったかの宝物定めで決着がついた。それにさえ従わなかった長脛彦《ながすねひこ》は己が主・ニギハヤヒに殺されるが、それに唯々として従った兵たちの犠牲はまったくの無駄ではなかったか。アマテラスは師の剣ではなく、話し合いを促す扇子を与えるべきであった。

さて、ここで真の「神武東征」の意味を語ることができる。日向の熊襲の指導者ソツビコは「景行」と和睦し、その能力を買われて大和豪族の氏人として迎えられたが、残る数多くの戦士たちはどうなったか。彼らはアマテラスによる精身潔斎を終えたのち順次大和へ移され、アマテラスの意思に適った倭国の大王に直属し、その集団の長である大伴氏の下に加えられていった。「神武東征」ではなく「神武東行」と呼んだ方がぴったりする行動ではなかったか。これが私の歴史精査の結論である。この戦の勝利での功績で三足烏は熊野社の守り神となった。

それでは彼らが奉仕した大王は誰だったか。もちろん『記紀』が描く人物ではない。「景行」

なき後の「成務」も「仲哀」も一地方の王ではあったが大王ではなかった。前者は南近江の、後者は北九州の王に過ぎない。倭国はまだ不安定であった。大王不在の期間もあっただろう。その間も、やがて生まれる新たな大王を守護する大伴軍団が強力に形成されていった。

第四章　「応神」と任那利権の成り立ち

――神功皇后は実在したか――

この章題の二人（「応神」と神功皇后）の時代は、倭国が東夷圏世界に飛躍した時代である。もちろん二人は『記紀』が描くような親子ではない。それを説明する前に、二人それぞれが「どのようにして歴史に登場してきたか」から始めなければならない。

応神（ホムタ）の素顔

まずは応神である。彼（むしろ彼の父か）は「垂仁」と母、大和のサホビメの長子として生まれたと「垂仁紀」に書かれている。名前はホムチワケで、成長してからも言葉を発することができない子であった。何故そうだったかをも含めて説明しながら、この意外と思われる判断の根拠を述べてみよう。「応神」の倭語の尊名は「ホムタ」である。「応神」の前には長生きした「景行」や「成務」がいるので、上記のホムチワケはまずは代を一つ（ないし二つかも知れない）遡った「応神」の父（か祖父）として考察するのが正しいであろうか。父の「垂仁」は大和豪族集団の依頼で母国（おそらくは旧弁韓の金官伽耶）の地から家族ともども大和に住居を移した「崇神」の子で、父の遺志を継いで大和の開発に尽力した。その後、「崇神」の倭土での活躍を知り、渡来してきた韓人がいる。ツヌガアラシトもアメノヒボコも高い地位を捨てて「崇神」の令名を追って倭の地に来てその業績に学ぼうとしたが、既に亡き人となっていたことで、その子の「垂仁」と協力した。その後、気に入った土地に移ったアラシトは任那で活躍し、またその子孫は肥後の葦北で令名を残した（後述）。アメノヒボコは天日鉾として但馬で活躍した。「垂仁」は「崇神」の意思を継いで、鉄の確保とその加工の技術向上、武器や農具の生産に意を注いだ。この時代の鉄は灌漑用の池づくりや河川改修のための土木道具としても、あるいは武器としても貴重な金属である。もっとも、当時の先進国中国では、加工には硬すぎて、しかもすぐ錆びて汚れ、壊れやすいので下等な金属として蔑まれた。だから銕と漢字で表された。野蛮な夷人が使う金属の意味である。しかしやがてその硬さは武器の鋭さをもたらすことが評価されて、王と戈を組み合わせた鐵という字に換えられたと聞いたことがある。

皇帝らは武器だけでなく日常生活用の道具としても広く利用した。東夷圏では高句麗がその大産地であり、その加工技術もすぐれていたが、弁韓地方の洛東江流域も早くから知られた産地で、倭も他と競って利用したと『魏書』の「東夷伝」の韓の部に書かれている。しかしその産出量は希少で入手は容易ではなく、前掲書では「韓、濊《わい》、倭みな従いてこれを取る」と書き、獲得競争の激しさ表現している。「崇神」そして「垂仁」の存在はその確保に大いに役立ったのである。その有効性はきわめて大きかった。「垂仁」代にはとくに武器加工技術向上が大きな課題だった。垂仁の子、五十瓊敷命《いにしきのみこと》は和泉で刀剣づくりに励み、物部氏の勢力圏にある石上神社に剣千口を奉納したと「垂仁紀」に書かれている。これが「景行」の強大な武力を支え、彼を大王たらしめ、建国の英雄にまでまつりあげたのであった。

ところで垂仁の子として産まれたホムチワケは母死亡の後、その遺言で丹波の女性に育てられてから以後の話は『記紀』には全くない。しかし、中国江南から進んだ河川灌漑技術を伴った新たな稲作技術をまず寄港地の九州天草周辺、さらに九州北部から日本海側の但馬、丹波、さらには若狭と拡大させたリーダーこそが成長したホムチワケ・つまり「ホムタ一世」である。「ホムタ」について、『記紀』は、彼が出生の時から腕に矢を背負う時の容器、ほむた（鞆）の形の痣《あざ》があったためと説明しているが、あまりの即物的説明で首をかしげざるをえない。以下の違った説明がより納得的である。和（倭）語と韓語（ハングル）の音韻上の違いからの説明であるが、倭語で「ホムタ」の「ホ」という字を韓音で書くと「kho」である。この「kh」という文字はそのままでは倭風に発音できない。kかhかどちらかが消える。発声上ではkが消えるようである。（例えばかつてソ連にフルシチョフというトップ人物がいたが、その頭文字はkだったというのがわかりやすいかもしれない。）同じ原理で「ｋｈｏ」はコではなく、「ホ」となる。さらに倭語で誉田《ほむた》は韓風で音声化すると「ｋｈｏｍｍｔａ」であり、ｍｍの連音は続く文字音によってはきわめて短く微妙に響く。「応神」の墓は褒田山古墳と書かれるが、倭風の読み方はコンダ山である。音声学の原理に全く疎い私の説明ではわかりにくいだろうが、ともかく、子音と母音の組み合わせで一音をつくり、子音だけ一文字の音はない（「ン」は例外的に一音だが、パソコンではｎｎを重ねないと「ン」にならず、「ウン」と発音することも同じ原理）和語に慣れた日本人は子音だけ、あるいはその連続を発声することは、まったくの苦手と言わざるをえない。それが比較的少ない英語ですら正確な発音に苦労する日本人にはよくわかってもらえるのではないか。

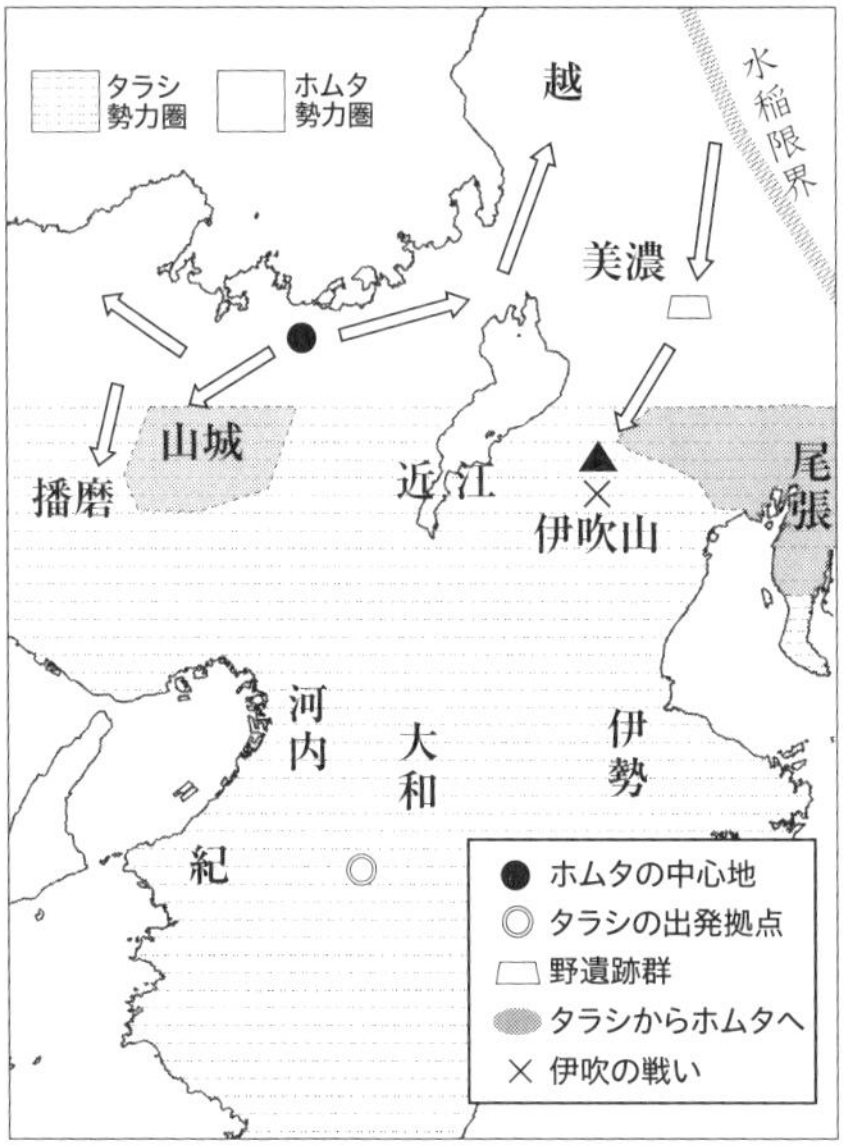

都配置図

それらをふまえて、ホムタと和語風の発音する人物は「コンタ」である。ここで「ｍｍｔａ」は「ｎｎｔａ」に転換している。ｍｍはきわめて弱音なので、倭音化の場合、ンに転化させている。そこで「コン」（あるいはｍｍという弱音を母音ｕを使って厶転換して「コム」ｋｏｍｍ）は何を意味するかが次の問題だが、倭音「コム」はハングルでは熊である。タは明らかではないが、今のハングルでは辞書によると「皆」とか「最高、代表」といった意味ももつので、「ホムタ」は「熊の代表」といった意味ではないかと思う。この時代、すでに百年以上も前から中国南朝に出入りし、そこで熊の旗印を掲げて、天草地方の港に出入りして倭人の間にその知識、情報が広がっていって、中国・長江地方の進んだ水稲灌漑などの技術を普及させ、新文化生活導入の促進刺激剤として倭土に導入してくれたのが「応神」の先祖の「ホムタ一世」であった。

「ホムタ一世」は、当時の倭を形成していた西日本（東西の境はほぼ越前、当時の越、美濃、尾張）では、ホムタを情報源とする進んだ河川灌漑による稲作を紹介し、やがて大和で広がっていた小規模灌漑池稲作を圧倒する時代を到来させた。そこで生じた小規模溜池灌漑の稲作地帯を基盤とする「景行」支配の弱体化、それに代わるホムタ式稲作地域が圧倒しつつあった政治状況のなかで「景行」の死とその後継者の不在という事態が生まれる。「景行」の事業を引き継いで大王として現れることになった「応神」は、「成務」「仲哀」を介在させているから「ホムタ一世」の子（仮に「ホムタ二世」、あるいは孫の三世かも）であろう。「ホムタ一世」を生んだサホ姫は大和東部の豪族の王の女だったが、兄は異人が倭人のリーダーとなることに反感を抱き謀反を起こして滅ぼされる。しかし恐らく他にも同じ感情をもつ大和のリーダーが少なからず存在したに違いない。「崇神」「垂仁」の二人に深い薫陶を得て、能力を蓄えた纏向の「景行」が大王となり、広く西国から美濃・尾張までを勢力下に置き、さらに西日本を制覇し倭国の確立を成し遂げたが、その一方では、「ホムタ」の勢力が北九州から日本海沿岸を東行し、とくに若狭・丹波の各地で深く浸透してきていた。そして伊吹の麓で「景行」勢力と戦い、ヤマトタケルが敗北し事態は一挙にホムタ側に傾くこととなった。その高い稲作技術を充分にこなせないままながらホムタ勢力をなかなか支持できない大和支配集団の諸王も、広い民衆の意向を意識せざるをえなかった。そうした期待に応え、「ホムタ係累」は小規模溜池灌漑を超える高い生産力をもつ大規模池沼灌漑の整備に取り組み、人々を納得させ得る新たな社会を実現させてきたが、それを促進しうる大王「応神」として天位に就くことになった。それを象徴する越の気比の神の名前交換依頼の話はその重要なポイントであったし、それを歓喜して歓迎する民衆の歌・踊りによる支持の状況は「まえがき」で触れた。さらにホムチワケが体験した出雲の怨念をも解決することで、「景行」を上回る堅固な国家形成をなし遂げることとなった。

河川灌漑稲作社会と溜池灌漑稲作社会との違いをはっきり示してくれるのは「播磨風土記」の記述である。その部分を紹介した以前の拙著を引用しよう（『記紀から読み解く古代の天皇像』）。

「賀毛郡・臭江《けさえ》の段に、〈臭江と名づくるは、品太《ほむた》の天皇の御世、播磨の国の田の君、百八十の村君有りて、己が村ごとに相闘いし時、天皇勅してこの村に追い集め、ことごとく切り殺した。

それ故、臭江という。その血が黒く流れたので黒川と名づけた。〉がしかし、これはありきたりの地名由来とみられないこともない。他の水を取り合って争う村長を説諭ではなく、殺戮する現実を描いて判断するとすれば、社会の進歩のためとはいえ、あまりの残酷さを感じないわけにはいかない。」

今少し説明すれば、溜池灌漑の利用範囲は狭い。そこで隣村同士の争いが絶えない。わが村の田へ水を引く、その小さな村同士の関係は、ごく小域の長の争いとなり、各地で分立し争う状態に広がることになりがちとなる。当然の結果として、権力はまったく分散的とならざるをえない。それらを基盤としながら社会を支配するより広域の長＝王もさらにそれを束ねる大王も、それ相応に己が権力を高めにくい。これが溜池灌漑稲作社会である。一方、河川灌漑稲作社会は、広域を管理でき、権力を集中して取水の仕組みがなければ広域にわたる効率的な分水はできない。広域をより大きく効率的に管理する大王を存立させるには、それを阻みがちな溜池稲作社会を排除しなければならない。小域の族長は抹殺されねばならなかったのである。このことを表現しているのが臭江の残酷きわまる記述なのではなかろうか。

『播磨風土記』を読むと、強力な大王を目指す「応神」が但馬の出石に居住する天日鉾（その後裔の但馬氏の長）と協力して播磨へ進出し、以前の「景行」影響下の地域を自らの範囲に変えていく状況を確かめることができる。そのホムタの影響力の広がりは、すでに書いたように日本海側の丹後、若狭、越にまで拡大し、さらに南下して北近江、美濃、尾張と拡大していくとともに、西では瀬戸内、九州を含みこむ。それらの倭土を領域として「応神」は「景行」をはるかに超える強い権力で国土の支配を完成したのである。気比《けひ》の名を付した地域や神社は若狭、丹後などに数多くある。『出石町史』によれば、ケヒはケタと同じ意味をもち、「開」を意味するハングルの「ケ」に因む文字で、丹後、若狭、越を調べた限りでも多数に上る。食料の豊かな産出を喜ぶ民衆の歓喜が広がる中で、応神大王権が確立していったことを示している。

神功皇后は実在したか

この問いに答えることは簡単ではない。もともと神の言葉を人に伝える巫女としての神功皇后というのが『記紀』ともに共通の前提だからである。その神の言葉を信じなかったナカツタラシヒコ（「仲哀」）は北九州での支配力はあったとしても倭国を束ねる大王ではなかったという私の解釈では、その后が大和の媛だというのは少々無理がある。その実在を前提とする『記紀』の記述はその無理を重ねざるをえない。西国の一部で覇を唱える豪族が中津足彦・「仲哀」だとして、大和に現れ位につくが、降伏したはずの熊襲に反乱が起き、すぐに穴戸（山口県西部）に移り、神功皇后を呼び寄せる。地元で「仲哀」は大歓迎を受けるが、一方の神功皇后は海神に航路を妨害されたと「仲哀紀」は書いている。さらに移動した香椎の軍議で、皇后が巫女となって

「熊襲ではなく新羅を打て」との神託を告げるが、それを聞き入れなかった「仲哀」は死に、神の指示に従った皇后は新羅に大勝利する。その帰途に応神が生まれるという話の筋は、実在の人のなかに神が直接関わってくるので、神功皇后の出自は議論できない。

わざわざ一つの巻を「神功皇后紀」として設けた『日本書紀』も「仲哀天皇記」のなかで長々と「神功皇后の新羅征討」の項を設けた『古事記』もどちらも、オキナガタラシヒメは全く事蹟の語られない近江の東部の地の王・息長宿禰《おきながすくね》王のムスメという出自を書いている。どちらも母は葛城タカヌカ媛（『古事記』は高額媛、『日本書紀』は高顙媛の違いがある）なので、大和の最大豪族の葛城氏系を措定している。「顙」は「額」と同じ意味をもつので結局同名になってしまい、別人ではなさそうである。素人では解明不能で、さらなる検討は長い間の古代史学者の『記紀』研究からの所論に頼る以外にはない。そう考えて、岩波文庫版の補注に示された系譜図があるいは事実かとも考えた。『古事記』の「開化段」の長い系譜にある東近江の息長宿禰と、天日鉾から始まる但馬系の多遅摩比多訶（タジマヒタカ：田道間守の兄弟）の系譜の葛城高額媛との間の子というのは説明の限りでは、納得できないわけではない。大和の葛城高額媛が東近江の息長宿禰王の妃として息長帯媛《おきながたらしひめ》を生んだということになる。ひとまず系譜の検討はこれで留めよう。

では問を変えて、その息長帯媛の事績は何かと言えば、神との間で「応神」・尊名ホムタを生んだこと、そして神の指示と支援によって新羅を降伏させたことだと「神功紀」は書いている。

もっとも「仲哀」の第四男という「仲哀紀」の記述もある。そして神の子を無事に大和に連れ戻し、成長するまで皇太子として育て、その間は摂政として皇太子を輔弼した。それをすべて記述した「神功紀」の中味を記述に沿って調べ、さらに詳細な政治状況などを求めて検討を加えたい。

まず、戦いから帰国した直後に生まれた子を無事に大和に連れ戻すために、阻止しようとする仲哀の子、麛坂《かごさか》・忍熊《おしくま》の両皇子の妨害を排除する苦労話で、策略が的中して二人の皇子は追い詰められ琵琶湖で死に、皇后の子は大和での立太子の儀を無事に終え、神功皇后は摂政となる。その後新羅王の人質返還問題での葛城襲津彦の活躍話や太子の敦賀気比社への参詣などもあるが、三十九年是歳条で、己未歳の太歳を迎える。つまり太子が「天皇」の位を得たと書かれる。ここで『日本書紀』は「応神紀」に移らねばならないはずであるが、摂政はその後も続く。応神はすでに三九歳となっており、摂政の輔弼が必要だったという記述はない。それは六九歳の崩御まで続く。成年天皇と神功摂政の三十年間の共同治政を検討してみると、神功四十二年の高句麗・新羅に対抗して任那・百済側に加わって参戦したことに関わる事項が注目される。この戦いについては、高句麗の広開土王碑に記録されて現在まで存在しており、記載事実はともかく歴史事実は確実なので、高句麗歴の換算ではAD三九一年のものと考証されており、神功四十九年の推定ADと二十年の食いちがいが生じる。その違いは小さくはないが、双方が用いる歴の違いが重なるので、同一事件と認定できる。それ以外の神功年での記述は、三世紀の中国史書に記述されたヒメコに関わる魏国王への使節の往来事項、五世紀の西晋の武帝への倭の貢献事項、そして親交の深かった百済の四世紀諸王の死亡や国王就任などの簡潔な消息事項に過ぎない。とすれば疑問が生じる。摂政就任前の「新羅征伐」はあまりにも過激な侵略の書きぶりで目をそらしたくなるが、その戦いと、神功四十九年事件が短期間に二度重なることは国力負担能力のゆえにありえないとすれば、どちらかが史実から消されなければならないことになる。それは応神誕生以前の神の命じるままに行われた戦いの方であろう。「神功皇后紀」はなくともよかったというのが結論とならざるをえない。「古事記』にはないこの「紀」の不要論は、正面切った専門史家の説としては知らない。あらためてそれを問題として検討の必要があるかどうかは自分で『日本書紀』を読み終わるまでは触れないでおき、結論のなかで私見を述べたい。

ここではそれ以外にも「神功紀」のなかで注目すべき記述はあるので触れたい。

まず注目すべきは西日本の九州勢力が時代の要請に応えて、河川灌漑に意を注いだ話である。皇后が神の言葉として新羅を撃つことの利を広く納得させるために、神田を設けそこに水を流そうとして、溝を掘ったが、途中に大磐があって掘り進めなくなった時、「剣鏡《たちかがみ》を捧げて神祇（あまつかみくにつかみ）を祈祷《いの》りましめて溝を通さむこと」を求めた。その時丁度その時に落雷して岩を砕いたので通水できたと書かれている。神に祈ったことをホムタは社会づくりの政策としてやった。しかしこの一致はきわめて重要である。

次に触れたいのは、任那の要請で海を渡った九州の熊襲のことである。神功皇后が新羅への出発に先立って、九州熊襲の抵抗を抑えるために兵を差し向けたと「神功紀」は書いている。しかし熊襲はそれに先立って反抗を止めた。その多くは任那派遣将軍の下で任那に渡った。その数は十分でなかったが、熊襲の自発行為だったと思わせる文もある。派遣将軍荒田別らは任那で新羅と対峙した時、兵力が十分でないことを知り、百済の援軍の到着を待った。その判断は正しかったが、派兵を決めた神功皇后（実は応神）は戦いの主力は任那であり、そのすぐ隣国の百済も、戦の主力であるはずとして倭人の兵をさして送らず、自発的参加の熊襲の人々を主体として倭軍を編成した。そして高句麗を頼みにした新羅軍を打ち負かしたわけである。これは多分に戦い方から推察した私の判断であるが、小国家連合の任那がより纏まり、任那に野望のあった百済の参加も信じて協力を依頼したことがこの戦を勝利させたと思う。同時に海を渡った熊襲主体の倭の援軍も、自発的に国との争いを止めて倭人としてかつての故郷とは地続きの任那で暮らしことを希望して加わったのであり、一人ひとりの発揮した力も大きかったと思う。彼らは自己の今後の暮らしの地を求めて危険な場に参加とするからには存分に自力を発揮したい違いない。「神功紀」の熊襲が「浹辰《しばらく》も経ずして自づから服《まつろ》ひぬ」という表現のもつ意味は大きい。

しかし『日本書紀』はそれらすべてを倭の影響力が任那全体で強まったという評価となっていることに注意したい。その象徴が「忱弥多礼《とむたれ》問題」である。戦果の一つとして、「神功紀」は遥か西方の「忱弥多礼を屠き《ほふり》」と書いている。忱弥多礼とは現在の済州島のことなので驚いたが、対岸にある港町の康津が以前その名で呼ばれていた。もちろん高句麗・新羅との戦いとは無関係の西方の遠隔地で、任那を構成する小国の南加羅が近隣交易で利用していたと思われる湊町であろう。それが何故か戦いでの倭の特記される成果として挙がるのかは全く不明で専門史家の将来に期待するしかないが、想像するに倭内にいた旧熊襲の集団が時期を同じくして再び生地近くに帰り住み始めたのではないかと思う。その港町を馬韓の一部であるのを根拠に百済に返還した。百済は中国南朝との貿易で極めて便利な港を得て大いに活用したと思うが、その一帯での倭の影響力は広がることになり、倭・百済間の友好関係が高まることとなり、半島南岸に多く港をもつ南加羅の反発もなかったので、そこに足がかりを得た倭も大きな益を得たとしたものであろう。この場所で難題が発生するのは後の継体時代である。応神政権は一時新羅に占領され奪還した金官伽耶近くの村々に権益を得たようだが、その負担を新羅に課して年ごとに貢として納めることで利益とするにとどまった。その地を倭の領土とすることとなしの解決法である。その詳細は明らかではないが、応神政権の評価を高めることになったことは確かである。しかしそれをめぐる詳細とその処理方法とは、その後の倭・新羅間で問題となり、倭内政治に混乱を引き起こす原因となる。当初、倭の対応は百済、任那から好意で迎えられることになるが、その反面の犠牲もあった。直ちに問題が発生したのは倭と任那間をうまく調整してきた代表のリーダーだった葛城襲津彦を取り上げて説明したい。

葛城襲津彦と武内宿禰の悲劇

葛城襲津彦についてはすでに触れたが、再言すれば日向熊襲のリーダーで景行と戦い、結局降伏するが、その指導力を買われて大和の最有力者葛城氏人として倭政権に協力した。とりわけそのもつ数奇な経歴の過程で身に付けた人脈と知識の持ち主として、倭政権の新羅関連事件の解決のためにその能力を幾度となく発揮した。とくに新羅が出し渋る約束の貢納をめぐる交渉には幾度も使者として派遣され成功を収めているが、神功六十二年にも交渉使節の長として訪れた時は成功せず、その後連絡不能になった。その後の事情を知らせる「百済記」によれば新羅が美女を使った奸計に心迷って、逆に倭と友好関係を持つ加羅に被害を与える行動によって、追求を懼れて百済へ逃げた。そのことを加羅の使者から聞いた天皇は、百済がそれを追求するよう要請したのを知って襲津彦は百済から姿を隠した。密かに倭と連絡を取ったが天皇は決して許されないことを知り自決したと伝えている。それを記した「百済記」は現存せず、事実かどうかは確認できないが、此の裏切りにもかかわらず、倭では彼の娘が仁徳の妃となったとか、高貴人の子を産んだなどの説もあり、半ば伝説の人物となっている。事実はともかく、彼が能力を発揮できたのは、韓や大和の地での人材に触れる多くの機会があり、その間の体験を縦横に生かして、問題の解決に応用できた人物で、数々の難問に取り組むという心身を労する役で成果を挙げたが、その疲労で正常な判断を逸する状態に追い込まれたことはほぼ間違いない。その意味で出世・昇進を果たしたがその時代の犠牲者として闇に消えた人物としか言えないのではないか。そうした時代の圧力で命をおとし、あるいは無念のうちに揉み消される人は『日本書紀』のなかで外かにも幾人か描かれている。

「神功紀」にはもう一人悲劇に遭遇した有力人物が出てくる。神功皇后（むしろ応神天皇）の内務的保護者の武内宿禰である。彼の『日本書紀』初出は景行五十一年でつづく「成務紀」から「応神紀」まで当時にはなかった「大臣《おおおみ》」として登場する伝説的な人物で、登場から数えれば百歳を遥かに超えるいわば実在疑わしい宮廷重臣で実相は明らかでない。もっとも記述が長いのは「応神九年」で、弟・甘美内宿禰の讒言に会い、怒った天皇が殺害しようとしたが、宿禰を信じる忠臣の代理自死で紀州に逃げ、そこで弟の讒言を否認する機会を得た。そして探湯《くかたち》で勝利したという記事を最後に『日本書紀』には現れなくなった。彼の長い期間の登場機会でもっとも晴れやかだったと私が感じるのは、「神功紀」十三年に幼少の応神を伴い、角鹿《つぬが》（現・敦賀）の笥飯《けひ》大神宮参詣の折に同道し、名前替えの神辞に立ち会ったことであるが、そこまで深く自分に附き合った従者に対して単純な讒訴を真に受けた「応神紀」での彼の心の狭さに呆れさせられた。しかし『日本書紀』の本当の意図は、むしろ応神を生んだ直前の巻の「神功皇后の偉大さの強調との対照こそが『日本書紀』の真の狙いかも知れないと思った。「神功紀」で神功皇后が大活躍する意図がそこにあったとすれば、その理由と共により注意深く当該部分を読み込む必要があると痛感した。それについては最後の結論のなかで触れたい。

倭の任那進出が引きおこす倭国内問題

こうして倭も関わって任那の地に来た倭系人の数が増えたことは、まだ倭内に残されていた植民百済人たちのうちにも、「祖先の旧地への帰還」という大きな誘因があったからではないか。それらが集中するのは、旧馬韓の南部にあってまだ百済政権が充分に支配権を確立していない空白の地域が多く、集団移動のきっかけをつくった可能性は高い。百済政権は旧馬韓南部で反政府的集団を分断するような配置の土地に彼らを誘導し、自らの施策が容易に進む方向への定着を図ったと考える韓国学者の話を聞いたことがある。それらの状況がまた全体として旧馬韓の最南部にまで戦争の雰囲気を拡げたのであろうか。この再移住者たちは戦闘に参加することはなかったが、客観的に旧来からの居住勢力の弱体化に加担したとも言える。そしてそれがしばらくはその地での倭国の影響力を広げることにもつながったかもしれない。その明確な証拠として、その地に広い範囲で前方後円墳とも見られる墳墓が十数個発見されている。私もその一つを見学したが、感想として和風がかなり薄れて、むしろ双子墳かとも思ったほどだが、同行した専門家の、配置状況が古くからの居住勢力を分断するように造られていて、この地の人々も馴染みやすいように無理に変形しているという見解を聞いて、まさに韓風の前方後円墳だと納得したものである。しかし彼らは倭系百済人であって、倭人ではない。いわんや倭の支配地が増えたわけでもない。やがて倭国の政治に左右されることもなくなる。倭系韓人も次第に本来の韓人に変わっていく。そこに再び倭が登場し、彼らを差配するとしたら問題が起きないはずはない。そうした問題が実際に生じるのは、やはり先の「継体」時代である。後の章で取り上げよう。

この戦闘への参加のために、倭は多数の人材と多大の財政的負担を払ったが、それでも倭は大きく言えば勝者であり、利益を得た。それを統括して指揮した「応神」はまさに英雄として扱われることになる。彼の漢風諡号は神にも通じる人物という意味だろうが、まさに妙を得ており、それほどに後世まで賛美されることになる。後世だが、広く仏と倭国の神を混淆させた垂加神道では「応神」を八幡大菩薩の化身としており、全国で最大数の社をもつ八幡社の主神として祀られ、とくには武の神とされる。さらに一般化され、庶民の暮らしの豊かさを祝い祀る神とし

光州広域市の前方後円墳（光州月桂洞古墳群）

て生活の中に広くかつ深く浸透もしている。その「応神」に、最後の汚点があることも指摘しておかねばならない。

百済と高句麗の対立は、奴客となる誓いを余儀なくさせられた百済が巧みに回復して継続され、報復として高句麗の都・平壌近くまで水軍を進出させるという戦いがあったことが広開土王碑の文字から推定されている。その百済水軍に混じって多数の倭の艦船もあったとも伝えられている。それが事実かどうかは確認できないが、広開土王碑文ではその進出も結局百済の大敗北に終わるとされている。もしそれが事実ならば、その際の倭の経済的損失は決して小さいものではなかったに違いない。それを匂わせる記事が「応神紀」にある。二十八年条に「高句麗王（広開土王）、日本国《やまと》に教ふ」という表文で、それを受け取り読んだ太子菟道稚郎子《うじのわきいらつこ》が、表を破り捨てたというものだが、内容は百済への助勢を非難したものだったという説が有力である。太子の行為は三韓に優越する倭の王に対する高句麗の「無礼至極」としての唾棄である。太子にとっての高句麗は、戦後も倭にとっての敵国感が強かったことがわかる。

私もその説について当然だと納得して気軽に読み過ごしていたが、その記述の後、三十七年条にある高句麗の友好の数行はほぼ読み飛ばしていた。それは、倭の渡来氏族の阿知使主《あちのおみ》、都加使主《つかのおみ》が呉に遣わされ、縫工女を求めて、高麗国《こまのくに》（高句麗）を経て、呉に行ったという一文で、道不案内のために高麗に頼り、その親切な助力で目的を達し、呉の王から工女を得たというものである。その呉とはどこか。もちろん中国であるが、私はそれまで南朝の江南地方をイメージして読んでいた。そして、そのとき高麗が倭の北方だということの矛盾になんの注意も払わなかった。それに気づいて、若干の資料をあさると、当時の中国北朝は「東晋」で、『晋志』には「倭国、高句麗と共に方物の献上」という記録があることを知った。その年次は不明だが、対立の激しかった広開土王時代はＡＤ四一二年で終わり、次王「長寿王」の時代であって、状況の変化により、倭・高麗の親交も実在したことに初めて気づいた。それは応神最晩年の頃で、政策転換はつづく仁徳期になされたということになる。その仁徳期がどんな時代であったか。次章で検討しよう。

第五章　転換期としてのホムタ系天皇時代

末子相続から長子相続の社会へ

『古事記』三巻の下の巻は「仁徳」から始まる。他の二巻に比べて、下の巻は短く、かつ諸天皇の系譜、事蹟もごく簡略化されているものが多い。しかし個人個人の感情、心の動きをゆたかに歌い上げる叙述がいくつもあり、倭国社会の変化を写し取っている。その根底には、これまで多くを語ってきた「豊かな稲作社会の広がり」があった。それがもたらす社会の変化でとりわけ目立つのは何であろうか。私が感じるのは貧しい社会の「末子相続」から、豊かさと権力を次代にわたって引き継ぐ「長子相続」への変化である。

神代で言えば、寓話的な「海彦と山彦」話から「応神記」の「秋山下氷男《あきやまのしたびおとこ》と春山霞男《はるやまのかすみおとこ》」まで、勝者は弟であり敗者は兄である。また半ば実話的で成功者の「神武」は弟であり、五瀬の兄は戦死するし、兄の大碓は弱者で弟の小碓（ヤマトタケル）は無類の強者であった。社会の一般も複数の子供を養い、成長した長子が親の負担減のために自立し、最後に残った弟が家を継ぐのは自然のなすところだったのは、社会の全般的貧困という社会事情の反映であろう。長兄がいち早く成人し、親とともに家をより大きく高くするのが豊かな社会とすれば、それは発展社会である。そして個が明確となって、氏だけでなく個の様々な競争が展開する社会に変わっていく（個と言っても貴人は別として、もちろん男だけである）。

際立った対外抗争関係がとりあえず顕在化しなかった期間が長くつづき、それだけ内部的なこの競争の目立つ社会が「仁徳」から「履中」「反正」「允恭」「安康」「雄略」と続き、最後に「雄略」の武力による絶対強者が出現する。それを極限にして、蘇我氏を軸とした新旧の氏族勢力が競う次代が始まる。

このホムタ（応神）系の「天皇」位をめぐって兄弟が血を血で洗う争いの始まりは、父「応神」が決めた末子の菟道稚郎子《うじのわきいらつこ》への譲位を、長兄の大山守《おおやまもり》皇子が不満だとしての展開である。「応神」は数多くの后、妃の生んだ皇子・王女のうちの大山守、大鷦鷯《おおさざき》、菟道稚郎子の三人のうち最後の皇子に地位を譲りたかったが、長子は反逆して敗死し、末子は早死して大鷦鷯が「仁徳」として最高位に就いた。オオサザキと菟道稚郎子とが三年にわたって譲り合った話は大げさだが、対高句麗戦で労力も資金も使い果たしたまだ貧しい社会の経営政略は簡単ではなかったに違いない。民の竈《かまど》の煙のなさを見て租役をさらに三年免じた話は、「仁徳」の高徳の証しとし

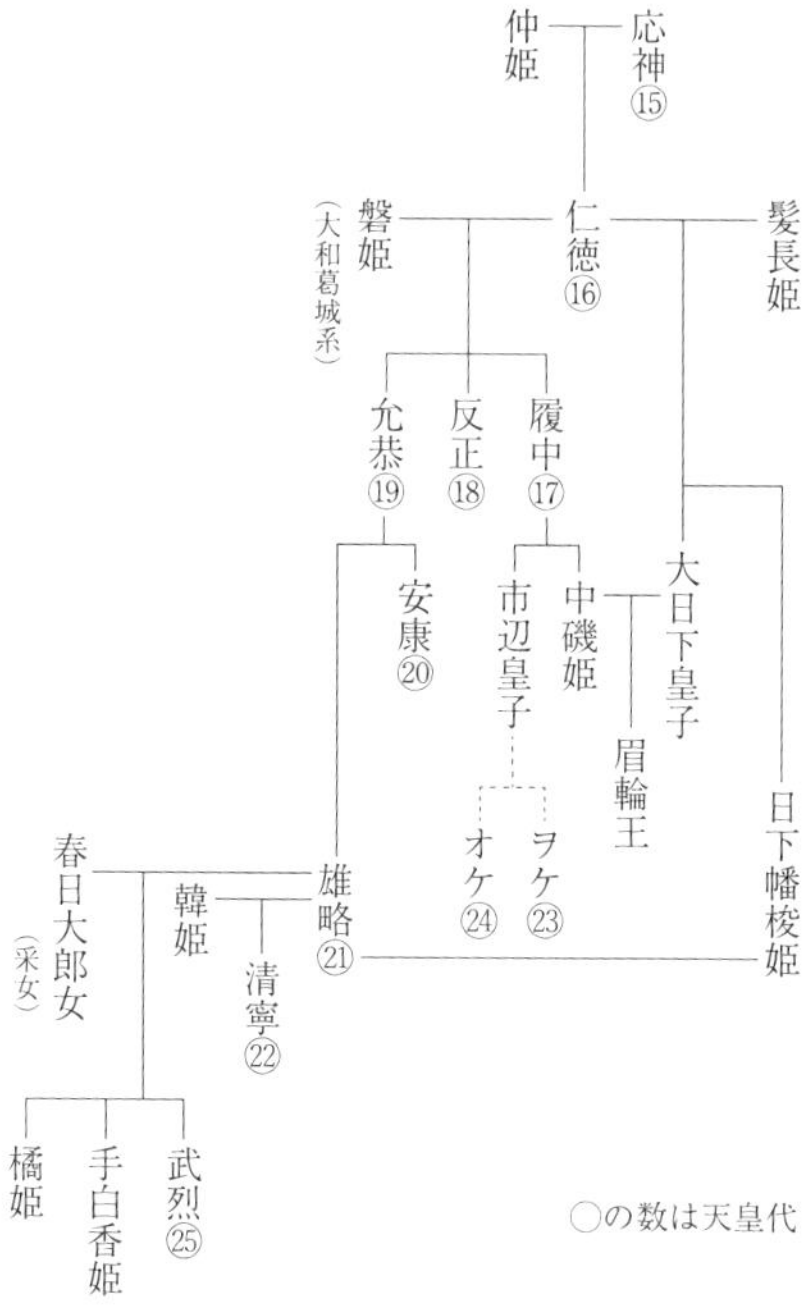

ホムタ系天皇系図

て名高いが、とるべき租もなかったのかもしれない。租役免除をさらに七年も延長したという記録もある。彼の尊名はオオサザキだが、「さざき」は小鳥のミソサザエのことで小器用さの象徴でもあり、政略の「うまさ」を知っていた賢人だったに違いない。徳高き賢者のイメージは『記紀』とともに、さまざまに語られている。

外交では比較的静穏が続いた。新羅が貢役を滞らせたという記述は二度ほどあるが、大した争いにはならなかった。高句麗との関係でも仁徳十二年に「高麗国、鉄の盾・鉄の的を貢る」とある。その翌月に試し打ちが行われ、多くは射通せなかったが、ただ一人、盾人宿禰《たてひとのすくね》だけが見事に射通した。両国の客人も倭の射的の技術の高さをも褒め称えたという記事は面白い。

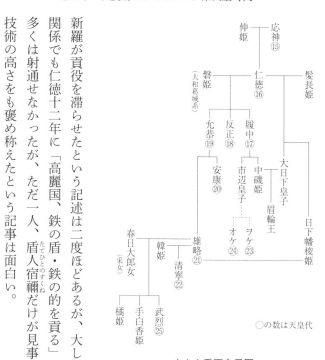

難波・河内の開発の効果

高句麗の鉄加工技術は鉄鉱原料の大産地を抱えているだけに高度で、中国も学んだほどであり、そこから得た倭の鉄製技術の進歩は、「応神」が始めた淀川水系の開発や、それをさらに拡張した規模で大和川最下流の大土木事業に大きく貢献した。乱流する大和川の最末端の分流の一つだった飛鳥川に因んで、大和の「遠つアスカ」に対して、河内の「近つアスカ」地域の開発は、まさに「仁徳」の政治の大きさを象徴するものである。さらに北河内の茨田《まむた》堤を築いて淀川の溢水を防ぎ、沿岸の耕地の整備を進めるとともに、茅ノ海と呼ばれた浅い入り江の奥にあった日下《くさか》の津（古くは神武の兄が負傷する白肩の津）に代わる住吉湊を築き、近くの台地に高津宮を建てた。こうした大規模な事業にはもちろん近隣の民が激しい労役に駆り出されたであろうし、近隣だけでなく武蔵の住民が河神への生贄となったとか、新羅の貢人が労役したと「仁徳紀」に書かれている。「応神」が企画した計画を「仁徳」が引き継いだと言われるこの土地改造で新たにつくられた田は四萬余頃（現在の単位で言えば二〇〇町歩）にも及ぶという広大なものであった。大和川支流の石川を利用した灌漑用水も大いに進んだ。その規模の大きさの象徴が、大山古墳（仁徳天皇陵墓）であるが、それは巨大な用水地としても利用できるので、墳墓建設に駆り出された農民は苦役よりも期待をもっていたのではないか。

貧困社会だったのにもかかわらずかかる大工事を実行するためには、労力以外に資金負担も多かったに違いない。が、それが可能だったのは「仁徳」の后・磐之媛《いわのひめ》の出身氏で大和の大豪族の葛城氏の支援があったからに他ならない。后の父は葛城襲津彦だと書かれているが、その生涯は前述の「百済記」の引用が正しいと考える私には、いくらか納得できないものが残る。推定だが、後に悲壮にも「雄略」に対峙し殺される葛城氏の氏長は円《つぶら》姓であり、いくつもの系統があったのかもしれない。葛城氏族にとって河内の開発は大きなメリットとなることが、その負担に応えた理由だったに違いない。その開発によって閉鎖的な内陸盆地の地域制約が解消でき、難波の海との直結が可能となるからである。開発に伴い大道や大溝も整備された。

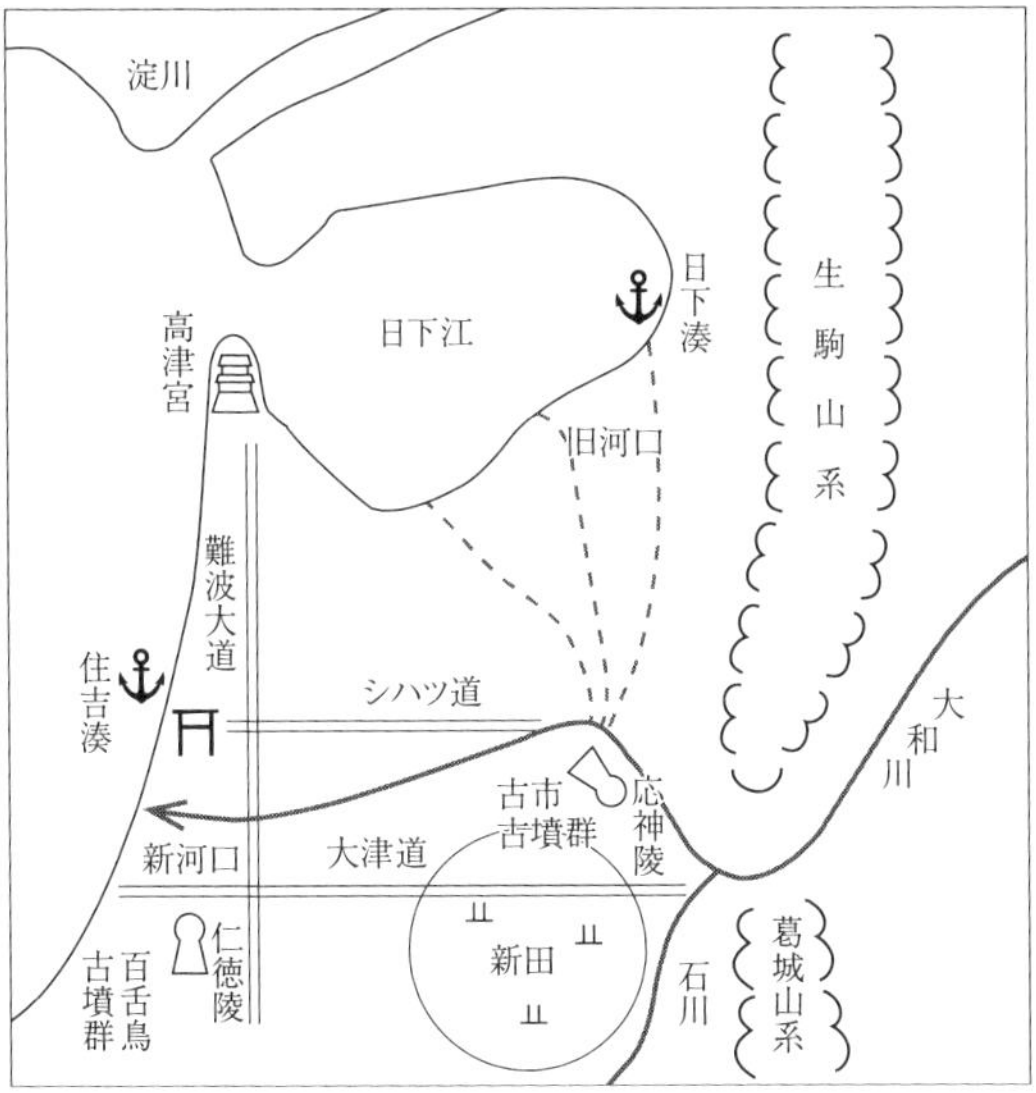

仁徳～雄略期の難波都づくり

　そうした財力をバックにした后の権勢の大きさが「仁徳紀」の大きな話題となるが、それは政治に対してではなく、夫への激しい嫉妬という個人的感情行動に向かった。とりわけ、若くして死去した異母弟の菟道稚郎子の妹八田皇女《やたのひめみこ》に関わる場合は、一段と強烈であった。当時の多数の妃をもつことが当然とされた時代を考えると、繰り返される歌の数々で嫉妬の激しさが表現されていて、時代を飛びぬけている。そのうちの一対だけを紹介しておこう。

「后」　衣こそ　二重も良き　さ夜床を　並べむ君は　畏きかも
　　　着物なら二重に重ねて着るのも良いが、夜床を並べたいあなたは恐ろしい人だ

「仁徳」　貴人の　立つる言立　儲弦　絶え間継がむに　並べてもがも
　　　私が言いたいのは、予備の弦でお前がいないとき使うだけだから　二人を許せ

認めない后の留守中に、こっそり八田姫を床に招き入れたことが発覚して、怒った后は難波の宮に帰らず、山城にある筒城宮に籠り、会いたいという夫を撥ねつける后は幾年も会うこともなく、その宮で亡くなるとすぐに「仁徳」は八田媛を后とした。

『記紀』が書き連ねるほどの夫への反抗的行動が事実とすれば、強い自尊心の持ち主であったということになろうが、それほどに葛城の負担が大きかったということでもあろうか。しかしこの話はどこまで事実かが問題とされる。后の磐之媛の歌は万葉集八六番から八九番までに採録されている。いずれも名歌で、それぞれ喜怒哀楽を美しく歌いあげている。それがあまりにも巧妙で、誰か和歌読みの達人の代作ではないかという議論も沸いていた。それを見事に解明した著名

な史家の論を、拙著『記紀から読み解く古代の天皇像』（風媒社）で紹介した。『日本書紀』を超える時代にも関わる話になるので、ここではそれ以上は触れない。

それにしても、「仁徳」は嫉妬深い「妻」をうまくかわしつつ、最後まで暮らし終えた。オオサザキの尊名の由縁であろうか。「仁徳紀」は聖帝と賛美しているが、私は狡賢い小賢帝の方がぴったりするのではないかと思う。愛する八田の后は子供を生まなかった。

仁徳にはほかに、熊襲の老齢で働けなくなった長老で牛《ソ》を名乗る人物から献ぜられた髪長媛を「応神」から譲られたことは前言したが、彼女には妃として生んだ大草香《おおくさか》皇子と幡梭姫《はたびひめ》皇女があり、どちらも日下の地で政権を離れて封土をもらい暮らしていた。

早世した后・磐之媛后は四人の皇子を生んだ。長子は「履中《りちゅう》」で「仁徳」を継いだが、次子は兄殺しを計り、失敗して殺害された。三子は「反正《はんぜい》」として位を継ぐが、二人合わせて在位は十年に満たず、さしたる事蹟の記録もない。四子の「允恭《いんきょう》」のみ四二年の事績が記録される長寿で、五人の皇子と四人の皇女をもうけた。『日本書紀』の建国年次の操作に関わる紀年の歪みは「允恭」までの調整で解消されたと言われており、その実際の統治年数は記録より少なく、「允恭」の在位のうち、二十三年以降の実在は「允恭紀」の記述から考えて疑わしい。彼は当初は病気がちで、兄弟からも愚鈍と呼ばれて、自ら無能故の謝絶を繰り返したが、妃の大中姫《おおなかつひめ》の強い願いを断り切れず皇位を受諾した。実際にはそれらは多分に口実に過ぎず、四男ゆえに残される遺産も過少で、地位にふさわしい財力がなく独自の武力もないことが事態の真因だという説もある。「垂仁」の長子で鍛冶の分野を継いだ五十瓊敷《いにしき》の系譜に属し、またそれを受け継いだ最も古い有力氏族の物部氏とも近い大中姫のもつ豊富な資力への依拠を暗に願ったことが、皇位辞退の真の原因ではないかとの指摘もある。

「允恭」の事績の記述は直接には『古事記』の序に、氏姓の乱れを糺した功績が特記されるほど高く評価されているが、『記紀』とも特記されるほどの業績はない。中国の宋への冊封を求めた倭の五王の一人（おそらく「済」か）であったことくらいであろうか。しかしそのことは先の『古事記』の人物評価と関連があるのではないかと私は考えている。倭王が高位の冊封を願う要請のほかに、重臣らの高位職（もちろん中国風の）呼称の認可要請も加えられることが稀ではなく、それは倭国内の問題の故に認可乱発がなされるケースが少なくなかった。それが倭国内でもたらす政治混乱の整理を容易にしたに違いなかった。例えば「允恭」五年の段に、葛城氏の玉田宿禰が先帝「反正」の殯《もがり》の守護の重責を果たさず、酒宴で時を過ごした無法を糺した尾張連の吾襲《あそ》を権勢維持のために殺害した事件が詳しく書かれている。下位の地方出身の連が天下に知られた大豪族の宿禰をじかに批判できたのは、中国の検察役と同じ役職だったことによると思われる。宿禰は吾襲殺害の罪で殺されるが、殯宮守護といった新たな重責の役を果たさなかったための処罰とみてよいのではないか。後の世代だが蘇我全盛時に「用明」の殯宮に皇子の穴穂部皇子が乱入して、守護役の三輪君を追い出した時、大臣の馬子が皇子を殺したことも同じ罪過の故であったので、問題視されることはなかったという例もある。「允恭」の律も令もなかった時代にその整備のきっかけとなったとみて良い。

同母兄妹の深い愛が生みだした悲劇

そうした政治の問題よりも、もっとも目を惹くのは高位者の男女間の愛・恋慕に関わる個人的な喜怒哀楽の記述で、それがもっとも多く誌面を飾っているところにこの時代の大きな特徴がある。ここではその一つだけ紹介したい。「衣通媛《そとほりひめ》の悲劇」である。物語はまったく同じテーマを取り扱いながら、『記紀』では真逆の違った話になっているのが一段と興味深いからである。『古事記』では、男は「允恭」の長子の軽《かる》太子であり、そして女は同母の妹の軽大郎女《かるのおおいらつめ》皇女、衣の上からもその美しさが通し出るほどの美人であった。この二人の人道上許されぬ情愛関係が歌を通じて綿々と綴られる。それが父の兄「反正」の喪も明けぬ時でもあり、まわりから非難が集中し、太子は重臣の大前《おおまえ》子前《こまえ》宿禰の屋敷に逃げ隠れた。怒った三男の穴穂《あなほ》皇子が追い宿禰宅を囲んだとき、太子に理なしを知った宿禰は、兄弟同士の直接の争いを避けさせ、自らが捕らえ太子を追っ手に差し出した。軽太子はその罪で伊予に流された。それを悲しんだ衣通姫は「夏草の　あひねの浜の蠣貝に　足踏ますな　あかしてとほれ」と詠み、都を離れて太子を恋慕うゆえに後を追って、最後に自死した。そのとき読んだ歌は『万葉集』八五番歌として編まれている。「君が往き け長くなりぬ　山たづの　迎へを行かむ　待つには待たじ」はまさに恋の名歌である。

しかしその美しき悲恋の名歌は「允恭紀」に扱わせると全く違ってくる。「反正」の忌が明けた翌年に宮中の宴が催され、「允恭」が琴を弾き、后が舞う余興が終わって、后は舞を妹と交代した。妹は衣通姫と言い、目の覚めるほどの美人であった。一目ぼれした「允恭」が彼女に慕情を寄せるが、姉の心情を思い悩む妹姫は近江の母の下に身を寄せる。それでも思い切れないのか、「允恭」は都に近い藤原の里に隠れ家をつくるまでした。それを知った姉の后はさらなる嫉みを募らせるので、弟姫はさらに遠い河内の狩場近くに住まいを設けて、姉を案じつつも男を思いきれない妹の深い心の騒ぎの相克を重ねたが、最終的には妹姫のために特別の藤原部を設けさせて「允恭」があきらめた。

同じ物語を使って男女の心情のもつれを語るにも、心からの許されぬ愛を断ち切れず死を選ぶ『記』と、同じ想いの交錯を最終的に権力と富の保障で押しとおす『紀』の対比が明確で面白い。「允恭紀」二十三年には、『記』の扱かった軽皇子と軽大郎女皇女の話がふたたび加わる。「允恭」で最終的に終わらせる建国時の「年次調整」で生まれた余り歳の埋め草なのであろうか。『記』とまったく同じ同母の兄・妹の許されぬ恋の話題が取り上げられているにもかかわらず、『記』と違って太子ゆえに罪にできず、代わって皇女が島に流される。その時太子は歌を詠む。この歌は『記』と『紀』ではわずかな違いがあるのみで、ほとんど同じなので紹介したい。それでも意味がまったく違うことに注意してほしい。

まず『紀』の歌：**【大君を　嶋に放り船余り　い還り来むぞ　我が畳斎め　言《こと》をこそ　畳と言はめ　わが妻を斎め】**であり、次は『記』の歌：**【王《おおきみ》を　嶋に放らば　船余り　い返り来むぞ　我が畳ゆめ　言をこそ　畳と言わめ　我が妻はゆめ】**である。

両者の違いは二ヵ所ある。まず前半では『紀』が「大君を嶋に放り」で現在形であり、放られるのは衣通姫である。一方の『記』は「放らば」で、もし放ったらという意味で仮定の意味をもっていて、軽皇子である。放られても太子ゆえに短期に戻されるはずである。後半の違いは『紀』の歌が、にもかかわらずまだ解放される可能性を想っている軽皇子は、その時のために畳(実は床)を綺麗にしておこう。畳と言っているけれども、(己の力で)姫の罪を晴らすという意味で、最後は妻を斎めとなり、妻を許すという予告が後に続くのである。一方の『記』の場合は、妻は斎め(罪はない)なので床はもともと「斎め」、つまり汚れていないとなる。この『記紀』の違いは「国の歴史書」と古代の「歴史物語」の差であろう。同じ父母から生まれても一方は皇太子であり、他方は皇女で、そこに大きな差が厳然と存在するのである。国の威信を背負った軽皇子の単なる浮気心に対して、軽大郎子皇女の愛はまったく純粋である。『古事記』の記述は衣通姫の生き様を純粋に語っていて美しい。が、『日本書紀』ではそのもつ性格から言ってその美しさを貫徹できない。だからつい過ちを犯す男の無念さだけが残る話に終わらざるをえないのは必然であった。事実、「允恭」の葬儀の後、群臣は軽皇太子を支持せず、それを追及する三男の穴穂皇子に集まる。頼りにした大前子前宿禰は穴穂皇子に対して、兄弟争いはやめてほしい、私がよく図らいますと約束し、軽皇子を自殺させた。「允恭」を継いだのは、穴穂皇子の「安康」であった。

大規模な大和川下流の開発などで豊かになった社会で、その富の大半を手に為しうる王宮内の貴人間の恋話を扱ってはいるが、人の心の美しさを地位に関わりなく、死を恐れず一途に追い求めあう姿を描く『古事記』と比べると、『日本書紀』は権力がらみの陰が絡んでいて魅力がない。そのうす暗い影を極端にまで追い求めて頂点に立ったのが「允恭」の最末子「雄略」である。

第六章　最強天皇「雄略」とその陰に咲く哀花

―「雄略」はどんな大王だったか―

前代を超える国内平定

五二〇〇首を超える歌をまとめた『萬葉集』の一番歌は「雄略」の長歌である。

籠よ　み籠もち　堀串《ふくし》もち　み堀串持ち
この岡に　菜摘ます子　家告《の》らせ　名告《の》らせね　…

のんびりとした春の岡で若菜を摘む乙女に、やさしく声を掛ける「雄略」はいかにも優しく、恐ろしいばかりに雄叫び狂う大和最強の勇者とはどうしても結びつかない。が、古代でもっとも評価されたのは、優しさではなく強さのようである。歌の後半にはそれが覗いている。

そらみつ　大和の国は　押しなべて　我こそ居れ
しきなべて　我こそ座せ　我こそは告らめ　家をも名をも

己れが名乗ったのだからお前も名乗れとの強圧によってでも、名乗りあえば二人はひとつだと威嚇に変じる。『古事記』には「雄略」が生駒の峠越えで河内に向かう途中で、屋根に千木を乗せた豪壮な家を見つけ、それが志木の大県の屋敷と知って、「奴や、己の家を天皇の御舎に似せて造れり」と怒り焼き払おうとしたので、高価な珍奇ものを献上して平謝りして許しを乞うた話がある。まさに自分以外に天下なしの振舞いである。『日本書紀』には美貌で好ましく思った百済の池津媛を献上されたが、恋男の河内の富者に淫《ふ》けったとして、残酷な火あぶりで殺した話がある。まさに直情径行の大王であった。

こうした無類の強者ぶりを発揮した最初の機会は、時として和製ハムレット事件と呼ばれる前代の「安康」や「仁徳」の子大草香皇子がもうけたマユワ王子が関わる大騒動で、まだワカタケルと呼ばれていた「雄略」が、兄弟を含む四人の皇子らを殺害し、大和の大豪族葛城一家を絶滅させた大事件であり、ただ一人の勝利者となって大王位を得た空前絶後の話の主人公となったためであるが、それはすでに独立した歴史話として、雑誌（『追伸』一五号、風媒社）に掲載したので、興味を持たれる方は参照されたい。

その威力・武力が大和、河内からさらに広く西は九州、東は関東一円にまで広がったことは、東は現埼玉の稲荷山古墳、西は現熊本の江田船山古墳から、金と銀の象嵌文字で「ワカタケル」と書かれた刀が出土されたことで、考古学的にも確認されている。それらは彼の指示で、西は吉備の、東は尾張の水・陸にわたる軍兵が「雄略」の指示に従って行動した力によって実現されたのである。尾張連の本拠は尾張から難波の日下に移されており、尾張連は大和の地での新たな指導勢力を目指していた。かくも広範囲に及ぶ征服指揮の徹底は、倭国史上まさに最強武王と呼ぶにふさわしさを見せつけるものがある。私は地名を頼りに東での行動の後を追ったが、ヤマトタケルが東征で、足跡を印したとされているその範囲は、先に書いた大袈裟に誇張されたヤマトタケルの東征経路をはるかに上回るもので、相模から走水《はしりみず》の狭隘を経て東京湾に入り、旧江戸川（当時の利根川）を遡航し上毛の地に尾張郷（現みどり市域）を植民し、そこを根城に碓氷峠を越え、信濃の佐久の地に小治《おはり》を、さらに千曲川を下って今の長野市内に尾張部神社や尾張姓霊殿を残すほどの広範囲で、かつ根深い足跡の残滓が確認できた。尾張連の地位は「雄略」の強大化につれて大きく高まった。雄略の権力欲はもはや国外進出以外にはなかった。まずは任那の権限拡大である。

任那での「雄略」

「応神」が任那に残した遺産は任那府の確立による金官伽耶国内の土地保有の権利であり、年々の貢物として支払われる。それを根拠にして権益の拡大が「雄略」の次の目標であった。その中枢ともなるべき任那府の任務は重かった。それは軍事力だけではなく民政の安定と周囲国との交渉力の高さである。当然それにふさわしい人物がその国司を務めねばならなかった。が、「雄略」はそうした配慮ができなかった。その低劣さを「雄略紀」は遠慮なく暴露している。吉備の田狭《たさ》臣が美女を娶った自慢話を聞き知った「雄略」は、急遽彼を任那の国司に任じ直ちに現地での活動を命じた。そのうえで残されたその妻を奪った。それを任所で伝え聞いた田狭は怒って新羅に走った。「雄略」は田狭の弟に兄の討伐を命じたが、出発した弟は兄を討たなかった。それがいかに新羅に益し、自国を貶めたかは想像に難くない。「雄略紀」の八年二月段の記事に新羅が以前約束した貢物を献じなくなって八年となり、逆に高句麗との友好関係を強めたと書かれている。（このくだりで新羅が「中国の心」を懼《おそ》れたためと書いているくだりがあり、気軽に読み過ごして直後に「何?・中国!!」とよくよく見直して自国つまり「倭国」のことだと理解しなおした。そして『日本書紀』は国を美化する書物だと改めて思った。）たまたま新羅がその高句麗と些細なことで仲違いをし、高句麗軍が侵入したので、新羅は急遽倭の任那府に助勢を求め、巧妙な戦術で撃退した。この倭の名将が新羅を次のように諭した、【汝、至りて弱きを以て、至りて強きに当れり。官軍《みいくさ》救わざらましかば、必ず乗《もま》れなまし。人の地にならむこと、此の役に殆どなり。今より以後、豈《あに》天朝に背き奉らむや】と。これは一武将の言だが、もちろん「雄略」の代言であることは間違いない。しかし新羅は定まった貢を贈ってこなかった。怒った「雄略」は親征を口にしたが止められ、代わりに別の将兵を送った。

しかしその軍団は戦える体制をまったく持っていなかった。総大将の紀小弓《きのおゆみ》宿禰は、指揮能力はまったく持たず、ただやみくもに前進するのみで、有力武将の大伴談連《おおともかたり》を討ち死にさせ、自らも無理がもとで病死する有様だった。残る武将の蘇我韓子《からこ》が指揮を執るが、父が死んだと聞きかけつけた小弓の子・大磐《おおいわ》宿禰はその指揮に従わず、単独で行動し混乱が生じる。状況を見に行く韓子と大磐の二人の間で同士討ちが始まり、韓子が殺されるという惨状を露呈し倭の敗戦となった。その喪のために大和に帰った者の訴えで、結局兵を引き揚げる体たらくとなった。名ある武将で一人残った小鹿火《おかひ》宿禰は小弓の弔いに加わるが、天朝への奉事に堪えずとして、ふたたび都に帰らなかった。負け戦の状況の記述は精緻を極めるが、『日本書紀』としてはまれな事例であろう。この部分の執筆の史人は音博士の続守言《しょくしゅげん》で、さすがと思わせる。小弓の行動の根底には当然「雄略」への恨みの深さを印象づけようとした意図を感じる。その「雄略」代の一般の人々の批判はもちろん強烈であった話もある。鳥官《とりのつかさ》の飼っていた禽《とり》が人の飼う犬にかまれて死んだ。「天皇」は怒って顔に刺青し鳥養部民にした。周りの人々は「今の天皇、一つの禽のことで人の面を顰《きざ》む。太《はなはだ》道理なし。悪くしましますは主なり」と語り合った。

この惨めな敗戦はあっても、外国から恐れられた「雄略」は、当然崇められ頼りにされれば狂喜するのは当然の理である。もっとも頼りにしたのが百済である。彼に美女を送り、不祥事で逆効果になった池津姫のことは先に述べたが、百済王は重ねて女性ではなく自分の弟一家を人質の形で倭の都に送った。昆支《こんき》一家であるが、昆支はその承諾の条件として王の后の同乗を求めた。その時后は妊娠していたが、生まれた子は帰国させるという約束で同意した。その船が九州の加羅島に到着した時に出産したので、そこから母子を帰国させた。その子はシマ王と呼ばれ、後成人して王位に就き、武寧王を名乗った。この件はやや無理があると感じるが、当時は国王の在地した国はその王のものたる資格を持つとされたようで、『神功皇后伝説』もまた同じとすればありうる話である。京に着いた昆支一家五人は満足した「雄略」から歓迎され、急変した百済情勢で急遽帰国した昆支を除いて、四人ともども倭国の地によき生を得た。そのうちの一人は、後の高句麗が絡む事件で登場する。

その百済情勢の急変とは、雄略二〇年（ＡＤ四七五）に、高句麗が百済を攻め、国王以下、多数の王族が殺され、京城宮も破壊されるという大惨事だったが、王族の一部が南の熊津（現群山）に逃げて生き残った。その再建のために王子一人を衛兵五百人で守らせて帰国させ、生き残った王子の汶周王に熊津での土地を与え再建者としたと「雄略紀」は書いている。しかし調べてみると、百済王の系譜では汶周王の後は三斤王で、その二年後に代わって昆支の子で倭国から帰国した東城王が国を再建したというのが歴史の事実のようである。汶周王は権臣に暗殺され、それが操る幼少の三斤王の数年間は内部混乱の最中であった。東城王はその政治混乱を回避させた王であり、「雄略」が派遣した五〇〇人の兵はその再建の戦いにかなり貢献したかもしれない。もし事実ならば、期せずして「雄略」は百済再建の隠れた功労者となった。その子が琉寧王、孫が聖王で、どちらも倭国の歴史に大きな影響を与えることになる。

もっとも、「雄略」が百済再建の功労者ということが簡単に言えるかどうかは疑問がある。「雄略紀」は生き残った汶周王に熊津の地を与えて再建を援助したと書いているが、その地は久麻那《こむな》利《り》と書かれており、場所が明らかでない。あるいは熊津とし、あるいは熊川とされるからである。熊津は「応神」時代でも倭が関わりを持った任那ではなく、より北部の忠清道の地で、かつてそこに倭の関わりはなかった。あるとすれば金官伽耶の熊川の地だが、そこは百済が領有したことはない。そのことは『日本書紀』作成時から問題となっており、その部分の史人が注として疑問視し、「誤りならん」と言い切ったところである。

しかしそこで逆の記述がある。汶周王に熊津を送って援助したと書いたすぐあとに、「時の人皆曰く」として、「百済国、属既《やから》にほろびて、倉下（へすおと読ませて、地下を意味する百済語か）に聚憂ふと雖も、実に天皇の頼に、更其の国を造せり」というのも誇大表現というよりはむしろ高句麗の南進圧力で南の扶余で勢力再興を図る百済を援助するために「雄略」が久麻那利（コムナリ）を与え援助した時の場所は。①「熊津」とされているが、当の史家は恐らく誤りと注して②の地方かと書いた。日本の史家は③の熊川かと唱えた。しかし①は倭の勢力下であったことはなく、③は援助にはなりえないので②が妥当かと思う。提案した史家は白村江の戦いで唐軍として参加し、捕虜となった体験がある音博士で、土地勘もあり、あえて注で具体的指摘をした。それを尊重せず、③を提起した日本の史家は「熊」の字に頼りすぎて、当時の状況を念頭にしなかった。歴史の重みは実体験の尊重ではないか。

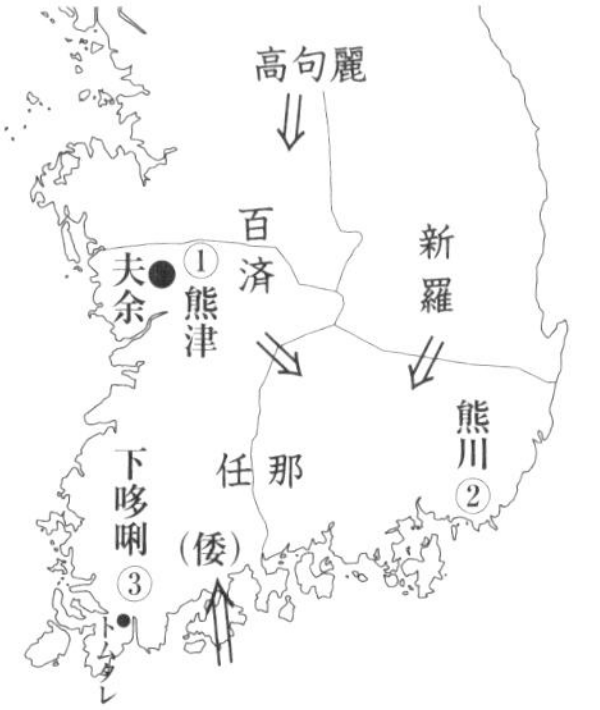

誤りである。京城を落とされても、南部に逃れた汶周王を援助して熊津で再建し、その途上で乱臣に苦しみつつも再建を果たした百済の自立力があったことは、正確に評価しなければならない。しかしこの際の倭の救援が熊津を与えるまでして王権を再生させたとの理解を多く流布させる恐れを生むと、この部分を書いた史家は注で疑問を呈しており、旧馬韓最南部の所在不明の小村かと書いている。それに注目して実は与えたのは金官伽耶の小邑・熊川ではないかという説も提起されている。現代の史家の見解の主流は知らないが、原本の「久麻那利」の文字は熊津とも熊川とも解釈できるようで、後者ならばほとんど援助にはならなかったので、むしろ援助絶大となる前者を安易に強調しがちといえる。かかる歴史記述は避けねばなるまい。これらはその後の倭・百済の関係がどう展開するかに関わり、そこでの歴史評価を検討する場合にも大きな意味をもつことを指摘しておきたい。地図を参照されたい。

この百済問題への対応が「雄略」の事業の幕尻となった。自力で新羅を撃つのは無理と知った「雄略」は、中国事情に詳しい渡来人二人を雇い、中国が自分を百済王以上の役職に任じられることを願ったいわゆる冊封政策を勢力的に展開したが、結局は無為に終わった。それ以前から倭の五王が努めた政策と同じで、その最後が「雄略」となったが、中国南朝の宋は弱体化し斉、梁を経て、北朝の隋に吸収され、すべては無に帰した。

かくて残されたのは彼の死以後の後継者問題だけであるが、そこで「雄略」の悲哀が一挙に高まる。次期天位を継ぐ権利をもつ身内を次々に殺して最上位に立った結果が、自分の後を継ぐ適任者たりうるものをすべて失ったことに気づいた時の不安と失望はどんなだったであろうか。唯一資格ありと思われる星川《ほしかわ》皇子も、もし彼が天位に就けば多数の民を不幸にすることは必定だから、その時は殺してくれという遺言を大連に伝えねばならなかった。そして歴史の事実はその遺言通りとなった。

哀花と呼ばれるべき「天皇」たち

私は『日本書紀』を数回通して読んでいるが、これから検討する巻第一五と一六はいつも走り読みして、じっくりと思考し検討したことはなかった。得るべき問題も見受けられず、長い歴史の中でこの時代の意味を感じることはなかった。あるのは「大雄略」の残した傷跡の悲惨さと、それをどうつくり直すかの見通しも浮かんでこない薄闇の世界のなかで浮遊するままの魅力のない時代という印象だけが残るからである。今回はこの時代から得るべき何ものかを見つけようと心に決めて深読みした。しかし小題のごとく、哀花の隠れ咲きの感からは逃れられなかった。そして次の時代につながる若干は見つけることができた。

直情径行を極めた「雄略」の最後には、悲壮な遺言を残すことしかなかったが、彼の予想どおり、それに続く四人の「天皇」たちはさらなる悲哀と憂憤のなかで短い生涯を送らねばならない運命を背負わされた。

まず「雄略」の妃・磐姫が生んだ「清寧」がそうである。彼は幼少のころから白髪となり、「白髪の皇子」と呼ばれた超虚弱児であった。致命的なことに、彼は子供をもうけることができなかった。まるであらゆる地上に満ちた生きる力を「雄略への恨み」に吸い取られたかの如き存在で、当然若くして死すべき運命を伴っていた。そうした状況で起こることは、系譜の断絶と実力者による別系の支配者の新たな登場であろう。最初の問題を避けるには、まず生存の可能性のある市辺《いちべ》皇子の子（「弘計」・オケ、「億計」・ヲケの二人の）皇子の捜索であり、さらにより緊急には、女性「天皇」の容認である。そして実際にとられた後者については皇子の姨《おば》にあたる高齢の飯豊《いいとよ》皇女が唯一の人物で、否応もなく臨朝秉政《りんちょうへいせい》による形式がとられた。文字どおりの「臨時措置」である。しかしその役割を担わされたこの「履中」の残した老皇女は「一女（ひとはしをみな）の道を知りぬ。又安《いづくんぞ》異なるべけむ」として、「一夜天皇」に終わった。そうした状況のもとで

「雄略」に殺されたと思われた「履中」の二人の孫皇子の捜索が成功した。播磨の赤石郡（「播磨風土記」では美囊郡《みなぎ》）の牧牛飼いの姿で発見され、事実の確認も早々に済まされた「ヲケ」と「オケ」の二人は、「顕宗《けんぞう》」・「仁賢《にんけん》」として登場しえた。なされた事実確認の杜撰さが気になり、一統連綿がここで断絶したとの感想を強くせざるをえない状況でもあるが、逃亡の苦しい日々を無事乗り越えて、稀有なチャンスをものにした二人の少年の幸運をむしろ祝すべきかとの思が逆に湧いてくる場面でもある。その一人のオケ（仁賢）は一男、七女の子（『書紀』。『古事記』では二男、五女）を残した。その一男は「武烈」となった。それらの子の母は、「雄略」がまだ幼かった采女に産ませた子が成長した女性・春日大郎女である。希少な「雄略」の血縁につながる唯一の人物で、次の時代まで生き残った二人の皇女を歴史の表に立たせ、悲喜を分ける人生を送らせることになる。

「仁賢」の残した唯一の皇子（小泊瀬稚鷦鷯《をはつせのわかさざき》）は「仁賢」を追って天位に就き「武烈」の諡号を残したが、『記紀』ともにその治政の実態記述はない。『書紀』にはその代ごとに「天皇」を称賛する美辞麗句を並べる決まった形式があるが、「武烈」の場合には唯一の例外で、**【頻りに諸悪を造したまふ。一も善を収めたまはず。凡そ諸の酷刑、親《みずか》ら覧はさずといふことなし】**と低劣非道さを強調している。その直前には刑理を好み、法令の分けは明瞭だと書かれ、善悪の区別を知り、刑罰の適否の判断はできるとあるが、無理やりながら悪を好む最悪の評価に色がつけられるという異例の記述である。

その時期、大和盆地北西部を本拠とする平群真鳥《へぐりのまとり》大臣が自称天皇を擬して横暴を極めたと「武烈紀」は強調するが、『記』にはその言及はまったくない。『記』には「清寧」代、『紀』には「武烈」代で時期は違うが、真鳥大臣の子・鮪《しび》を相手とする歌垣での対抗の模様が連綿と続く。そのなかで明らかとなるのは、武烈と鮪は恋仇で、どちらも同じ物部の姫を求めている。そして姫は早くから鮪に思いを寄せる状況がわかってくる。歌垣での敗者・「武烈」の指示で、真鳥親子は大伴大連の手で殺されるが、鮪を慕う女性がその悲惨さを見て悲しさのあまり泣き崩れる情景が述べられており、それを承知で失恋の無法な仕返しを大連に依頼した「武烈」の非は一段と明瞭になる。

しかし上記に混じって、次々とさまざまな手段で女性を凌辱する陰惨話が続く「武烈紀」をあらためて読み直せば、一説として根強く存在する「雄略の偉大さ演出」のための『書紀』編纂上の作為の結果だと思わざるをえなくなる。まさに「雄略」の闇の中に咲く隠れ哀花にたとえられよう。「オオハツセワカタケル」の「雄略」は目立つが毒をもった豪華な美花である。その陰でひっそりと咲く異形の目立った陰花とたとえたらどうであろうか。人から問題ともされず踏みにじられ、見向きもされなかったのではなかったか。私はこれら哀花を見直してみたい気持ちに駆られつつ成果と課題を追った。

真鳥親子の殺害も大連の強い勧めで初めて同意する「武烈」の積極性のなさが目立つ。結局のところ、実行力のない弱さをもち、善人とは言えないまでも悪人とはいいがたい人物像が浮かぶ。周りからの強い勧めで皇位を継いだ（とされる）が、后となったと書かれる「春日娘子」の係累もまったく紹介されていないし、それどころかむしろ実在の人物かを疑いたくなる。もちろん子はなく、自分の尊名の「ヲハツセノワカサザキ」の名称で部民を置き、「武烈」が存在した痕跡を残せと述べたとされるのが彼の生きた唯一の証であった。周りの姫から常に荒く強暴と恐れられた「雄略」は、その強さの故に『万葉集』の一番歌を（代作だろうが）残し、『日本書紀』の中では傑出した照り輝くばかりの名花とされることになるが、その陰で人に見向きもされずに、ひっそりと下向きに咲く小花の「武烈」ら四人には憐れみを感じざるをえない。しかし

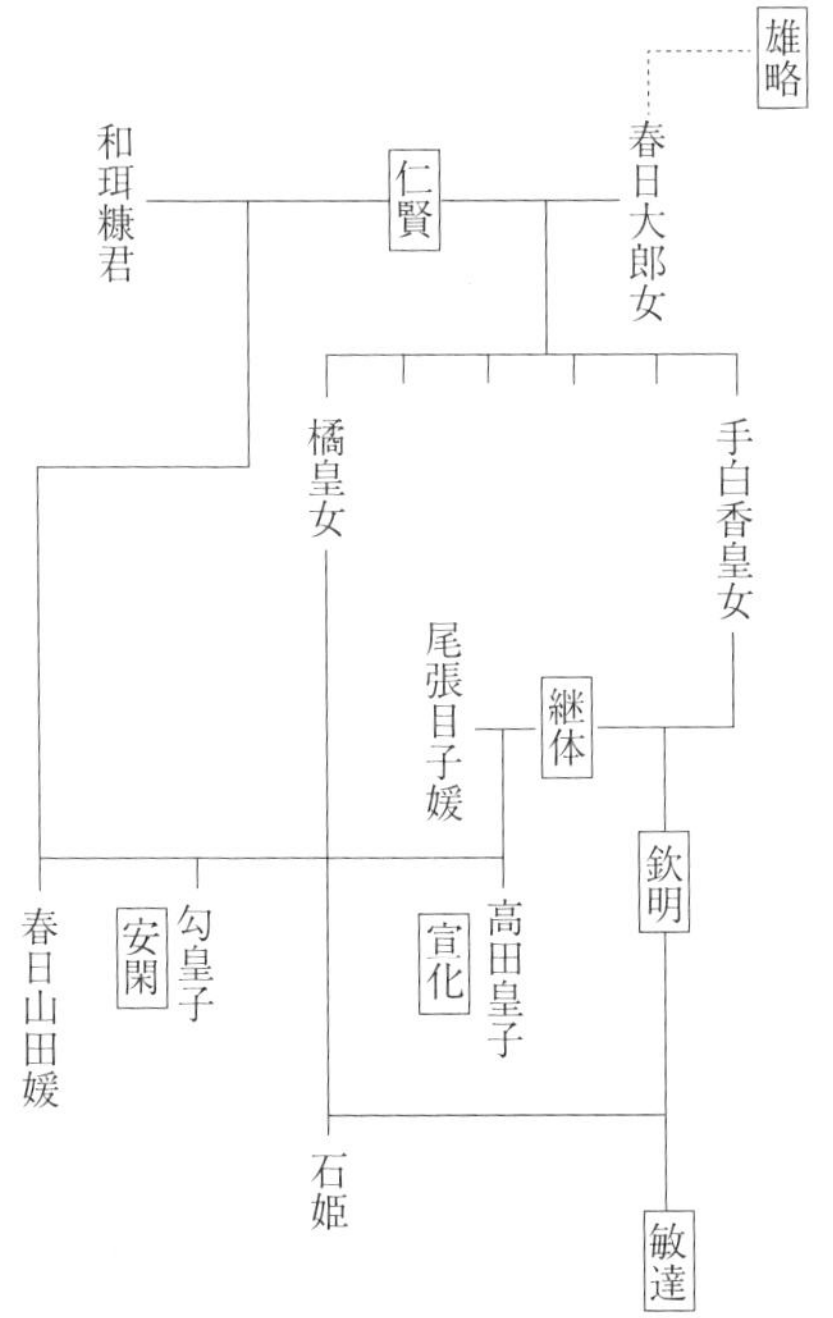

ホムタ系天皇系図

その哀花の一つだけが次代に大きな影響を与える子女を結実させた。

次代に子を残しえた哀花の「仁賢《にんけん》」の男一人、女七人、うち女一人を除いて六人は、「雄略」がまだ幼少だった采女に生ませて実子か否かで物議をかもした后の春日大郎女《かすがのおおいらつめ》が母親で、三人目の手白香《たしらか》皇女、五人目が橘皇女のどちらも成長し、次章で紹介するように喜・悲を分けながら登場する。男はもちろん先に書いた「武烈」である。この計七人を書き連ねているのは『日本書紀』であるが、『古事記』はやや違って、男二人、女五人で男でその名前も違っている。「仁賢」はそのほかにも大和の豪族和珥《わに》氏の姫との間で女子をもうけている。この皇女も後に「安閑」の后として、先の二人の皇女とともに立場を異にしながら次章で登場する。

この章はここで終わるが、改めて読み直して気づいたことがある。まずはヲケ(「顕宗」)とオケ(「仁賢」)である。二人が本当に市辺皇子の子供だったかという疑問は決して拭えないし、判定技術の未発達から正解性はないが、どちらであっても二人が奇跡的とも言える苦難を経て生き残れたのは何故だったかを書き示していることに注目したい。「顕宗紀」の即位前記に、気丈で積極的な弟ヲケが救出後皇太子となり、父の仇を討つために「雄略」の墳墓を壊そうとしたが、慎重で先見力をもつ兄オケの「吾らを救い出したのは「雄略」の子の「清寧」であり、またその親は父の仇ではあるが、万民を統べられた大王であった」との理由を述べて止めさせたという逸話がある。二人が悲境のなかで生存しえたのは、「違った性格をもちながらも協力しあって、懸命に生きようとしたからこそ奇跡も生まれた」と読めば、人の生き方についての教訓である。「鏡としての歴史」のなかにはこうした個人の生き方に及ぶ教えもあるのではないか。

それを最も必要としたのは先に低劣さを強調された「武烈」にもある。狭い大和盆地の中での、いくぶんか閉鎖的な生き方しかできない日常で、外に広げて精一杯生きる希望をもった積極性を発揮したかった証かとも思える兆しが見つかった。「武烈」が大伴室屋大連に詔して「信濃の国の男丁《だんてい》を発して、城の像を水派《みまた》邑に作れとのたまふ」という一文で、「武烈紀」三年十一月段にある。この「武烈紀」でほとんど唯一つの後代と彼を繋ぐ部分である。「雄略」がシハツ道を開いて以後、ここ水派は大和から河内、難波への出入り口となっていた。重苦しい大和の政治状況から抜け出たいという「武烈」の悲壮な想いが伝わってくる。その想いを「武烈」は果たせなかったが、同じ想いを果たしたのは四代後の「敏達」の皇子の押坂彦人大兄皇子、後の「舒明」の父親である。「武烈」を踏まえて後に対比されることになる。

第七章　蘇我臣と尾張連の対抗、そしてその狭間

天皇空位を回避する努力

大和の旧勢力がすべて倭国全体を統括する力をなくしていく中で、新勢力が台頭してくる。大和の東南部大和川の小支流、蘇我川を挟む地域豪族の蘇我臣と、「雄略」のもとで力を蓄えて日下の地に新たな根拠を構えた尾張連である。大連大伴に支えられて地位はそれなりに安定していたとはいえ、「武烈」の八年在位は実際にはもっと短かったと思う。「武烈六年」の記事に**【国をつたふる機《まつりごと》は、子を立つるを貴となす。朕、継嗣無し。何を以てか名を伝へむ。…小泊瀬《コハツセ》舎人を置きて、（名）代の号として、萬歳に忘れ難からしめよ】**と言って、後の世にも残る尊名だけは作り、存在してはいたという切なる己が想いを伝えたかったに違いない。

その「武烈」の後継者探しで、実在疑わしい「仲哀」の五世を経た孫という、「武烈」とは全く無縁に等しい倭彦《やまとひこ》という人物を丹波に迎えに行ったが、その人数に恐れをなして、いずことも

なく失踪したという記事が「継体前記」に書かれている。そうしているうち最適な人物が見つかった。これも「垂仁」五世の孫、彦主人王《ひこうし》の子である。疎遠さでは倭彦と同じ「垂仁」五世の孫だが、彼の場合はより適切な後援者があった。越の国の港町の三国《みくに》に住み、交易で集まる倭や新羅・百済・任那の交易商人らの話をもとに、韓半島南部の政治情勢に詳しいオホドと呼ばれる人物の存在をいち早く掴んでいたのが、同じ商業活動でしばしば三国を訪れていた尾張連草香《くさか》であった。そのオホドの才能を見込んで、彼は娘の目子《めのこ》姫を嫁がせ、二人の男子をもうけていた。オホドとは鉄鍛冶の技術をもつ家柄のことで、彼の父・ヒコウシが北近江の高島郡でその事業に就いていたが、早く亡くなり母の生まれ故郷の三国に移り、地元でそう呼ばれていた。そのすぐれた能力は子供時代から評判であった。難波の日下を根拠地とする尾張連は大和に基盤を拡げることに努めていたので、オホドの子二人を大和の小豪族に養育させていた。そして次期「天皇」候補難に苦しむ状況を見ながら、水脈《みまた》に新たな根拠地を築いていた物部大連を介して、オホドの存在を売り込んだ。

物部氏は鍛冶部（オオホド）の総統轄の役割をも持ち、オホドの父の北近江での実績も周知であったことから、大伴大連とも連携して、皇位を継がせるべく活発に活動した。渡来系倭人の集団、巨勢《こせ》氏から急遽就任した大臣も異論はなかった。その陰にいた蘇我臣は態度にこそ示さなかったが、違った解決を暗に求めていた。そして手始めとして、大和諸豪族の納得できる后として、「雄略」の血をもつ数少ない姫の手白香《たしらか》を推挙した。それを受け入れれば「継体」（オホド）を認めるというわけである。「雄略」の采女との間の子の春日大娘が仁賢の后となって生んだ皇女であり、数少ない雄略の血統保持者であることは先にも述べた。

一方、三国のオホドには尾張連のほかにもう一人の親しい知人がいた。その河内の馬飼首《みまかいのおびと》・荒《あら》籠《こ》はかつて「仁徳」に贈られてきた馬の飼育を命じられた勢力で、もちろん大和の政治の状況を熟知していた。皇位就任を要請されたオホドは直答せず、荒籠と連絡を取り好機を計っていたが、三韓情勢の窮迫状況を見極めながら要請を受諾し、河内の樟葉《くすは》に宮を置いた。淀川を利用すれば難波に近く、対外的行動に対処しやすいと判断したのではないか。

その早々任那から「王・己能末岐（コノマタカンキ）」の来倭があり、新羅と百済の任那進出に対抗するための援助要請があった。任那王の名はすでに「垂仁紀」に記述があり、その時も帰還時に贈った赤絹が新羅に奪われたと書かれているツヌガノアラヒトの後裔である。その時すでに新羅の略奪が始まっていたことは事実か否か疑問であるが、この時は任那への新羅・百済の進出意欲は明白で、それに対抗するための倭への援助要請であった。「継体」はかつての倭・百済の連合が新羅と対抗し成果を得た応神時代を念頭に置いた戦略を思考し、親百済連合の構築を中心に政治を方向づけた。

そのため応神が築いた任那と倭の友好関係に大きな亀裂を生じさせることになった。尾張連も荒籠の認識も、その不利益を上回る利益があると判断したに相違ない。その最大の根拠は高句麗が侵攻して危機下にあった百済を再興させた武寧王の政治力の強さがもつ可能性を高く見たことである。武寧王は「雄略」末期の百済危機の際、百済王族の倭への避難があった時、その途中の北九州の唐島で生まれ、母とともに帰国した倭との特別の絆のある人物で、「シマ王」と呼ばれるほど倭人と共感の雰囲気があったようだが、加えて「継体」は国王就任当初からその強者ぶりにおおきな魅力をもったに違いない。連携強化のために、「継体」の治政の軸となる都を、大和でなく難波の港への便を根拠に選び、初めは河内の樟葉、次いで山代の筒城《つつき》、さらに乙訓《おとくに》と、宇治川・淀川沿いに点々と移動を繰り返した。史家の多くは大和勢力が彼を支持しなかったために「入大和」ができなかったという評価のようだが、彼は己の政治の方向に有利な都の定着を狙っていたとみるべきだろう。

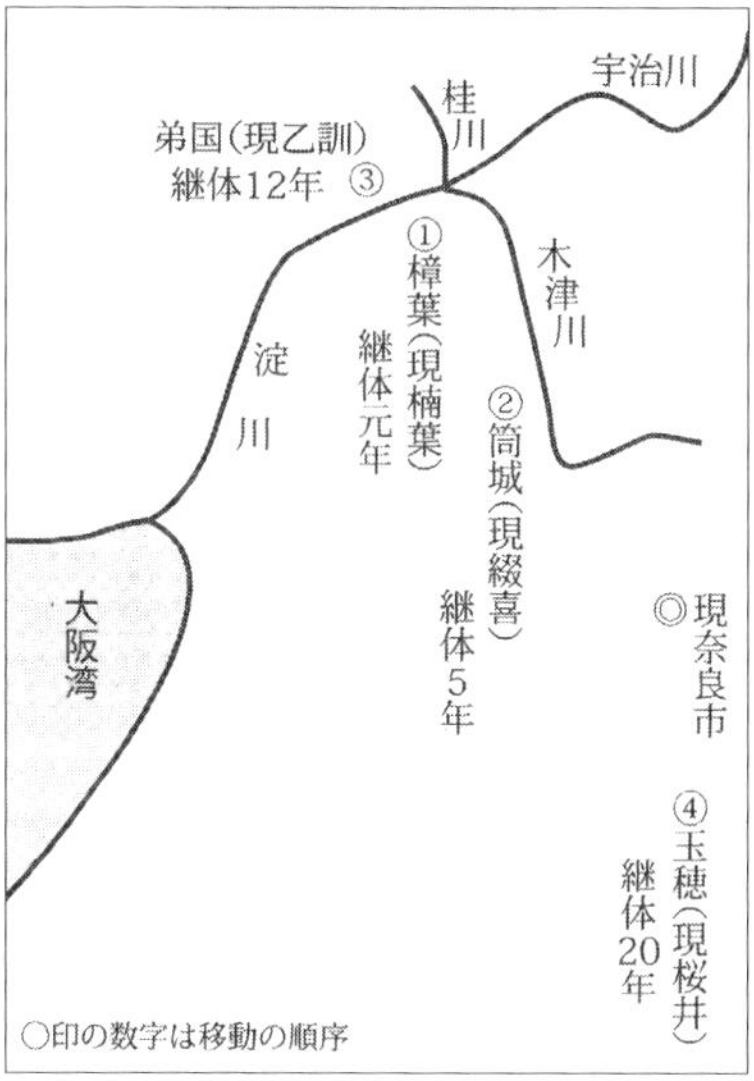

継体代の都の移動

　彼の親百済政策は大きく二つある。一つは「応神」の任那進出の際、百済系倭人として南九州に植民した熊襲勢力の多くを百済南部に集め、その地の開発を促進することである。

そのために先の戦いの後も任那にとどまり、安定した暮らしを目指した民はもちろん、さらに以前から百済支配地で暮らした末に任那に移り住んだ倭系人を含めて、馬韓南部への移動を強制した。「継体紀」三年の記事に、**【任那のヤマトの県邑に在る百済の百姓の、浮逃げたると、貫《へ》絶えたるとの、三四世なりたる者をさへ抜き出し、百済に遷して、貫に附く】**とあるのがそれである。すでにその地に三～四代にわたって定住して暮らしてきた旧クマソ人の強制動員である。

もう一つは、百済が未開拓に止まらせていた馬韓最南西部の地を開発するために、上哆唎《おこしたり》、下哆唎《あろしたり》、娑陀《さだ》、牟婁《むろ》の地の管理を百済に移すことである。この中には先に述べた（第四章）忱弥多礼《とむたれ》の港町もある。（図　古代の天皇…p131）それらは「応神」代以来、任那諸国の海洋出入のために倭が実質管理してきた土地であったが、百済の支配強化で任那諸国の利用の制約が懸念されるとして、任那諸国の反対の意向が倭の任那府から伝えられた。が、その任那の意向はほぼ無視された。「継体」政権は百済の要請を盾にその意向を無視して、諸の回答を百済に伝える使いを物部大連に命じたが、氏の内部からは安易な利権譲渡との強い反対があり動けなかった。反対はそれだけでなく、「継体」の長子、勾《まがり》皇子も賛成できないとの意見を百済使節に直に伝えた。それらはすべて無視された。尾張連の背後からの宝物贈与の支援のおかげで、大和地内の豪族たちの「継体」支持の動きが強まってきたためであろう。諸氏族長などに贈った白銅製の人物画像鏡がその証であり、そこに書かれた四十八の文字は倭製漢文で意味も不明な点はあるが、

隅田八幡神社人物画像鏡
（銘文）
癸未年八月日十大王年男弟王在意柴沙加宮時斯麻念長寿遣開中費直穢人今州利二人等取白上同二百旱作此竟
「癸未の年父大王（允恭天皇）の弟王（大ホド）が忍坂宮にいた時、斯麻（琉寧王）が長寿を念じ、開中費を遣わし直ちに穢人今州利二人等白銅二百旱（貫）を取り此竟（鏡）を作る」（筆者釈、意味不明多々あり）

「継体」は「允恭」の后の弟オオホドと交友があり、后の居住した忍坂宮とも因縁のある人物であることが書かれている。国宝級とは言いかねる白銅製のやや粗雑な鏡だが、その効果は次第に広がった。

その結果であろうか、大和の春日地方を支配する大豪族、和珥氏の山田媛と勾皇子の結婚が実現した。仁賢と和珥氏の姫の生んだ皇女である。それらが大和の諸豪族の「継体」支持を広げることとなり、彼の政略容認につながった。が、突然その政策は破綻した。武寧王が継体十七年に任那北部の戦いで雑兵に撃たれて死亡した。弱体化する百済の援軍として「闕史八代」当時以来の豪族・近江毛野臣《おうみのけぬおみ》の軍が派遣されるが、その派兵が九州北部に地盤を持つ豪族磐井《いわい》によって阻止され、思い通りの事態転換はできなかった。加えて毛野臣は無能で支援される任那の人々の離反もあり、支援を依頼した任那王アリシトからの毛野臣帰還要請も受け付けなかった。アリシトは急遽新羅にも救援を頼んだので、それに乗じて「応神」が獲得した倭の県邑の四ヵ村を奪われるありさまで、苦戦が続いた。毛野臣は帰国の命で帰る途中にも、任那との諍いを重ねながら対馬まで来て、不評を残したまま死ぬ。旧い勢力の体質では、対応できない新事態が任那の地にも生じている証拠であったと言うべきであろうか。

継体二十年に、都を大和中心の玉穂に移したのは、彼の政策の破綻を表わすものであった。「継体」の死はその後数年であるが、その間に一つ見逃せない出来事があった。先に述べた任那の王（多分上述の県邑の長）己能末多干岐《コノマタカンキ》が大和に来て、大連の大伴金村に直接救援を頼んだ。注にその人物はたぶん「アリシト」なりと書かれている。「垂仁」期に任那人ソナカシチの名で登場し、別名「ツヌガ（敦賀）アリシト」と書かれた人物の係累であり、さらにまた後の「敏達」期に「火（肥）葦北国造阿利斯登《アリシト》」として出てくる人物の祖父に当たるようである。倭人が任那に登場し、居住するだけでなくその地を代表して深く政治に介入できる多国籍人として、任那の政情に深く関わってきていることのもつ意味に注目しておきたい。彼が倭・韓三国の込み入った事項を解決する場合の重要さを、身をもって熟知している位置にあったことである。毛野臣の任那救援はそれにまったく無理解であったことにより、まるで効果がなく逆の結果となったことは当然だった。その二年後継体は死ぬ。その年に「倭の天皇、太子、皇子倶に死す」という「百済本記」の記録があるという注が入り、それをめぐって史家の間で大論争となる。

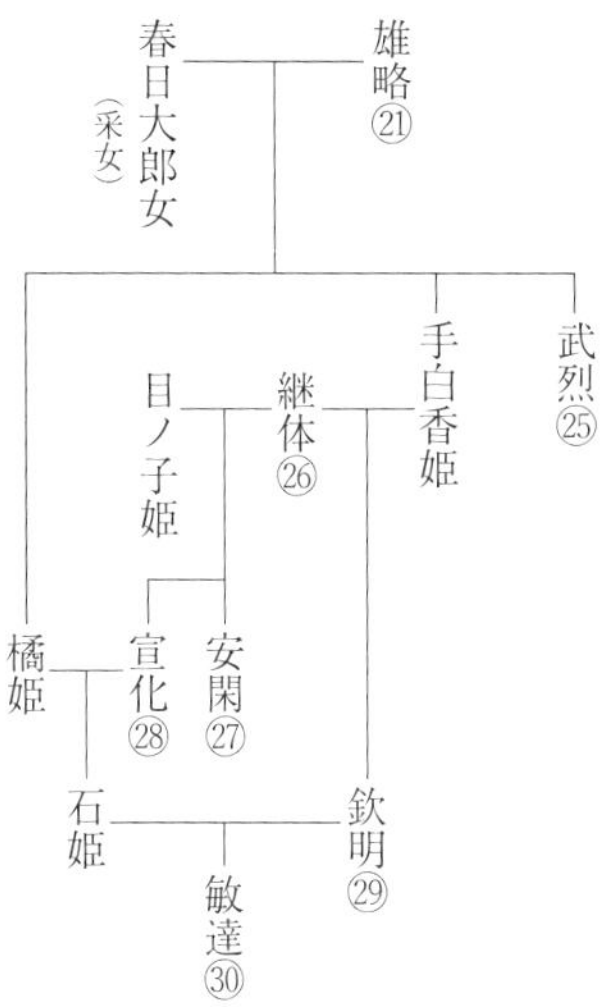

欽明系図

私がこれから書く「蘇我氏の新戦略」を思いついたきっかけは、大学の教養課程で日本史の講義を受けた時である。「最近では仏教の伝来はＡＤ五五二年・欽明一三年説」が正しいとされ、それまでのＡＤ五三八年説が変わったという講義だったと思う。日本古代史の重要なポイントとして仏教が初めて倭国に伝えられた年は、欽明七年・西暦五三八年だというのは中学生以来の受験のための暗記法として、「仏ほっとけゴミ屋さん」と叩き込まれた知識が史学研究の成果で変わったのである。それは納得できたが、ふと奇妙なことに気づいた。西暦紀年と天皇紀年の間の誤差である。「もし西暦五五二年が欽明一三年ならば、西暦五三八に当たる欽明紀年は…？　なんとマイナス一年ではないか。それはあり得ないのでどこが違うかを本気で検討し始めて、「仏教伝来」は一度ではなくて二度あり、とくに重要なのが二度目であることに辿りついた。歴史的事象で納得しやすいのは欽明一三年で、この年百済が新羅の「裏切り」で高句麗に奪い取られた旧都京城の郊外の慰礼城をさえ追われる状況となった。そこで倭の支援要請を確実にするための貴重な文化的な「贈り物」としての「仏教伝来」であったとすれば、その重要性は理解しやすい。前の欽明六年の伝来は百済製の仏像で、珍奇さはあっても深い教理はないものであり、「仏教伝来」というほどのものではなかった。

はじめの「欽明七年」はもっと重大事を含んでいた。それに従えば、「継体」死亡の後すぐにまだ幼少の「欽明」が即位したこととなり、「安閑」「宣化」の二人の即位はなく、現存の『日本書紀』とは違う国史が描かれるからである。そして前述の「天皇・太子・皇子倶」に死んだこととも合致する。この部分の執筆を担当した史家が「後に勘校《かんが》へむ者知らむ」の注を入れたところである。これについて私は先に「宣化天皇の受難」という小文を書いた（『追伸』一三号、二〇二二年一〇月）ので、詳細はそれを参考にしていただきたいが、かつて古代史学の権威者諸氏の論争があった。その発端は蘇我蝦夷や聖徳太子等の手で造られていた国史が、乙巳《いっし》の変（古くは「大化の改新」）で焼却されようとしたことで明らかとなったことにある。その「蘇我国史」にもとづいた記述が、蘇我氏建立の法興寺などの記録として文献に数多く残されていた。それを根拠にして算定された年次で、「継体」が後継を尾張連の姫の産んだ勾太子にするために、大兄という特別の称号をつくってまでして行った努力を阻もうとした蘇我稲目の策略であった。彼が目論んだのは、もともと蘇我の推す手白香媛という雄略の血統につながる后を、政策に行き詰まった「継体」に押し付け、彼の死の一年前に出生した皇子（皇子名なく出生時から諡号の「欽明」と記録される不合理があり、通常は記述される即位年も死亡年齢などの記載もすべて「若干《そこはか》」で不明とされている）を特別保護して囲いこみ、さらに「継体」の血を持つもう一人の皇子・高田皇子（勾皇子の弟）と、別の雄略血統の女子・橘媛（手白香の妹）のカップルを強引につくって、その間に女子を得た。石姫《いしひめ》である。こうした血統の重要性を配下の帰化人から学んでの遠大な計画が成功して、「欽明」と石姫の二人から男児が誕生すれば、大和では強者として巨大な名声を博した「雄略」の二世が誕生することになるという計画である。男女の生み分けなどの技もない時代とすれば、成功の確率は低く、また長期間を必要とする。しかし、蘇我稲目の幸運で、最短期間で思いどおりの皇子を得たのは奇蹟であった。それが「敏達」であり、大和豪族内での蘇我の能力への称賛を大いに高め、蘇我支持の勢力は一挙に拡大した（これらも詳細は前掲誌一三号に記載）。稲目臣が海外には先に言及した注が示したように、「天皇、太子、皇子倶に死す」の情報を流したとしか考えられない。

「安閑」と「宣化」が存在できた背景

しかしそんな無法な措置がそのまま簡単に許されるはずはなかった。「継体」を支えその強硬政策を任務上執行しなければならなかった大伴大連の権威が低下したとはいえ、まだこうした蘇我の振舞いを簡単に許すはずはなかった。それに加えて、勾大兄太子はすでに皇太子としての見識があり、父「継体」の百済寄りで任那の反発をかう政策に反対するなどの自説を相手の百済代表に対して発言するなどしており、十分な実績があった。この勢力が蘇我勢力と対立・交渉の結果三年の空白期をつくりだしたが、「安閑」として即位し、大臣、大連の顔ぶれも従来通り残った。しかし、「安閑」の不幸は后春日山田媛に子はなく、妃として迎えた三人の嬪にも後継は生まれないままに、わずか二年の在位で亡くなった。そして蘇我の推す五歳そこその「欽明」と、「安閑」の弟夫妻の子の石姫が雄略・継体の二人の天皇血統をもつ皇子を獲得することで、蘇我の世評を一気に高める巧妙手が強引に推進されることになった。

その一方、内政においては稲目が「雄略」死亡の折に顕著な反逆の動きをした吉備氏などに対する懲罰問題では大量の土地没収などを推進し、並の臣以上の存在示しつつ時を待った。しかし安閑の死が意外にも早きに過ぎ、あまりに幼少の「欽明」の登場は適わず、代わって大后となった春日山田媛の後継意向を提起したが、大后は断った。もし受けておれば最初の女性天皇となったが、それはなかった。蘇我とすれば残念にも「安閑」の弟の高田皇子を「宣化」として後継させざるをえなかったのである。そして「宣化」の在位四年が過ぎて、「欽明紀即位前記」の記述で不祥事が露呈した。それが表面化したのは「先の大后」(「宣化」の后の橘媛ではない)への要請の仕方にあった。その要請のなかに「山田の后に乞う」の文字があったことである。「山田の后」と呼ぶことができるのは「宣化」即位の前でなければならない。が「宣化」もわずか四年の在位で終わり、「欽明」はまだ依然として幼い。その「欽明紀」の最初に「即位前記」の記事が置かれる。通例では即位が難航したり重大事がある場合にはしばしば置かれ、その事情などが記述される慣行もあるからこの場合でも当然である。ここでまだ幼い「欽明」の言葉として飛び出した言葉であり、異常である。この異常に気づいた史人はさらに続く后、子女についての部分の恒例の記述にもっと重要な疑問を付けた。死亡した「宣化」には三人の媛がいた。それは形式的には「欽明」の妃となる。その紹介の文言は「后、石媛の弟」（当時は女性でも年下であれば「弟」と書くのは通例なのでそれに従っている）と書かれている。我々の常識では彼女らの父の宣化の子と書かれるのが普通ではないかという疑問を呈するところである。が史人はこの紹介に対して注を入れ、【明けくは檜隈高田天皇（「宣化」の呼び名）の女なり。而るを后妃の名を列ねて、母の姓と皇女の名字とを見ずして、いずれの書に出づということを知らず。後に勘へむ者知らむ】と書いた。われわれは現在の『日本書紀』を読むと、「欽明紀」の前に「宣化紀」があり、そこに后の名も姓も書かれており、「仁賢」の子の橘媛であることを知っているので、この注は奇妙だと感じざるをえないのだが、史人に提示された資料文書にはそれがなかったということでしか考えられないことである。問題の「資料文書」には「継体」の皇子である高田皇子としか示されておらず、当然あるはずの「宣化」の后であった「仁賢」の皇女橘姫のことは何も書かれていなかったのである。つまり通常の「宣化」時代はなかったということが判明したのである。推定するに、史人の手にした資料は「蘇我国史案」系統のものでしかなかった。この「国史案」は「乙巳の変」で半ば焼去された宝物、書籍の中で焼け残り、中大兄の手に渡った蘇我の『国史案文』だったに違いない。「帝紀の誤り・混乱」を糺した天武の手にはそれが保存されていたのであろう。この史人（続守言）が書き残した注が編纂に当って検討され、現在の『日本書紀』には継体の子・高田皇子が「宣化」として名を残すこととなり、蘇我の「国史案」はかくて公式に完全消滅したのである。同時に辛くも復活した「宣化」在任中の事態が通常ではなかったということでもある。それを暗示するところも宣化紀にはある。

「宣化紀」でもっとも注目すべきは蘇我稲目が大臣となり、大夫を置き、大臣の機能を強化したことである。そして大連には大伴金村が残ったが、病として機能せず、その子が筑紫や任那に派遣され、大連の実権は物部氏に移った。つまり、蘇我に対抗して「安閑」を支えた力はなくなり、蘇我稲目の力が圧倒的になったということである。そのもとでの「宣化」のなすべきことは何もなく、四年後に死亡した。読者の心に残るのはその「宣化紀」の最後のくだりだと思うので、引用しよう。「宣化」陵墓の記載の後、**【皇后皇女及び其の孺子《わくご》を以て、是の陵に合わせ葬る。皇后の崩りまし し年、伝記に載すること無し。孺子は蓋し未だ成人らずして薨ませるか】**である。蘇我稲目の巧妙だが非道に通じる策はこの部分に集約されているのではないか。橘皇后の為しえたことは、この直後皇位を継いだまだ一〇歳そこその「欽明」の后となるべき「石姫」を、「宣化」の子として生むことだけであった、それ以外は数代前の出自以外は一切記録されたものはない。姉の手白香媛が「欽明」の母として輝く地位を与えられたのに対して、この妹媛の末路は歴史の残酷さをまざまざと見せつけてくれる。思うに、夫「宣化」以外に誰とも会えず、それでも生まれた孺子を残して「宣化」死亡の後はどんな想いで日々を送ったか、想像するだに悲惨の極みで、その言葉以外にはなにも出てこない。それに比べれば、「安閑」の后、春日山田媛はわずか二年の短期間で引退せねばならなかったとはいえ、「安閑」ゆかりの尾張の地に名代が設定され、今に至るまで地名として春日井や山田村を残しただけ存在価値を印することができ、まだしも幸いだったかもしれない。（この「宣化」とその后の悲劇も『追伸』十三号に書いた。）

第八章　蘇我の権力独占と任那問題の帰趨

「任那とは」を考える

幼くして皇位を継いだ「欽明」は三十二年の長い在位期間を生きた。その間、蘇我系の子女を数多く生ませ、蘇我一族に多大の貢献をなしたと思うが、特記さるべき事績はさしてない。死の直前に起こった事件の処理で重要な役割を果たしたことを除けば、「任那問題」と倭国への仏教の伝来以外に話題はない。まずは「任那問題」であるが、その前にこの時代の任那の状況について説明しておきたい。その前にわが国で論じられる「任那」とはどこか。韓で言われる「任那」とはいくらか違うように思う。

『日本書紀』での任那の名称の初出は、「雄略紀」である。吉備の田狭《たさ》臣が急遽「任那国司」に任命されて、その留守に任命者「雄略」がその美女の妻を奪った事件の中でのことである。その五十年以上も前に「応神」が新羅・高句麗の南進に対応して、弁韓諸国の要請を受けて韓土に進出し百済との共同作戦も成功して、その進出を抑え、「任那七ヵ国」を守った話は、第四章で述べたが、その七ヵ国と馬韓最南西部の地を含めて、半島南部を総称して任那と呼んでいるように思われる。

古くを言えば、韓族の地は中国の秦・漢時代以来、その差配により馬韓、辰韓、弁韓三国に編成されたようだが、その地をやや詳しく紹介している『魏書』の「東夷伝」で取り上げられた韓は、馬韓と辰韓・弁辰との二つに分けている。しかも後者二つの間には人の交流も密で、言語も同じとして一まとめして論じ、馬韓のとくに帯方・楽浪に近い地方以外は「囚人や奴婢が集まったに過ぎないような様子」と蔑んだ調子で紹介されてもいる。そのなかの斯盧《しろ》国がきわだって急成長したのが新羅国である。当然弁辰の地であり、新羅がそこ全域の勢力を伸長させようとするのは、ある意味で自然かもしれない。

しかし同じ韓の地の全体の指導者を任じ、韓土全体を中国の南東を意味する辰国として思考する中国の力を背景に、馬韓の最強国として成長してきた百済こそ弁辰をも含め勢力下に置くべき資格と権利があるとの野心で、とりあえずは隣接の任那への拡張を常に狙う韓のリーダーを目指す百済がある。しかし韓土全体を辰国とする中国は、百済に韓土全体を支配させないために、辰国王は馬韓の小国（月氏国）とすることで、驥尾支配を維持しようとした。

しかしそれに変化をもたらしたのは、騎馬民族系の高句麗が深く韓土の北西部に侵攻し、平壌に首都を置き、韓のみならず韓支配の要の楽浪・帯方すら脅かす状況が生まれるほどに高句麗の韓化が深まり、その強大化に伴い、韓土の半島全体が百済、新羅、高句麗の三国対立が常態化するに至った。そして、高句麗の南下圧力により中枢を南に移さざるをえなくされた百済は常時半島最南部の旧弁韓の地への進出を狙い新羅との対抗状況を深めた。中国は高句麗の膨張を警戒し抑制を図るが目的を達せず、新羅が高句麗に接近しその力で百済に対抗する事態が続くことになった。

倭の「任那問題」について

その地に倭が戦を持ち込んだのは「応神」期で、新羅・高句麗連合による任那の進出を止めるための要請にこたえて三国対立に介入し、その目的を達した倭はその地に利権を得たと言われるが、その内容は記載がなく明らかではない。『魏書』の「東夷伝」の書く「(弁辰の)国は鉄を出し韓・濊・倭皆従いて之を取る」という記述を踏まえて想像すれば、そのための重要な区域の支配権ではないか。その区域の明示はないが、「継体」時代の失政で新羅が奪い取ったとされる四ヵ村ではないか。その支配地にはもちろん倭の管理役人も置かれるであろうが、問題発生時にそれを担当したのは「垂仁」代に大伽耶の王子アリシトの後裔であったことから考えて、現地の王がそのまま任じられたようである。つまり倭の領有権をもった土地ではないのである。領有権そのものは鉄を産する地方を含んで金官伽耶であろう。当時の理解では倭系の加羅人か加羅系の倭人か、いずれとも言える人も数多く住んでいたに違いない。

「応神」代の戦いでは倭在住の熊襲人などが数多く参加しそのままその地に居住し続けた人々も多かった。任那七カ国の地内には、南加羅のほかにも広く倭系人が同様に戦後も居住し、いわゆる韓系倭人が生活を始めたのをあわせて管理、保護するために、七カ国のほぼ中央に位置する安羅に任那府を置き、役人とその長としての倭から派遣された国司（現地語で干岐：カンキ・王）を置いた。任那は周りの国、とくに新羅や百済との間が平穏ならばとり立てて重要な役ではないが、そこで緊張した問題の発生時には、倭の利益擁護という重要な任務が発生する。

この戦いの結果、かつて倭に渡った百済人の多くが、馬韓の最西南部の地にも集団的に移動したと考えられる。その地方にいくつも散在する和風の前方後円墳はそうした人たちの残した痕跡ではないかと思う。そうした倭系韓人とも韓系倭人とも言える人たちは、世代を経るにしたがって、古くからの現地人の間で交流・混血して一体化していくのは当然の現象である。しかし一度配置された倭国人の管理・調整の権限もまた続いた。それ自体がいわばある種の権利として長く残り続ける。双方が平和裏に共存する場合にはそれでも対立することはなかったであろう。しかしその調和が崩れる時代が始まった。

その発現を見たのが、前章で述べた「継体」の百済重視政策が始まった時期である。任那の最北部で新羅と境を接している大伽耶地方で勢力のあった伴跛《はえ》国が、それまで海に出るために利用してきた蟾津《サンシン》江の利用を百済に妨害されるとして、その安全のために河川域の己汶《コモン》と婆陀《サダ》の百済譲与をやめよと要請したにも関わらず、考慮されずに実行されたことで新羅勢力に傾いたのをきっかけとしてバランスがくずれ、新羅の圧力が強まり、さらにそれに安羅も加わって、その影響が倭の管理域に及び始めた。その安羅の動きを加速したのは在安羅の任那府の倭の役人による親新羅の言動のためであったとされる。

そうした現状を訴えるために、任那の干岐（国王）アリシトが倭に至り、大伴大連に直接会い新羅の侵入が頻繁なことを告げ、それを止めさせる措置を取るよう要請した。九州の磐井の反乱の鎮圧のために国内へ出られない物部大連に代わって、加羅に渡った毛野臣は無能で、むしろ加羅の人たちを苦しめる状況を見て、干岐（アリシト）は新羅と百済に要請して兵を導入する事態となり、任那四ヵ村が新羅に奪われる結果となった。その返還実現が「欽明」期の大きな課題となった。これがいわゆる「任那問題」である。この歴史展開を記述した「欽明紀」の叙述は、国際関係・交流の箱庭的パノラマを俯瞰する感さえ覚える。任那というやや特殊な地域をめぐって、周辺国それぞれの思惑、バランス関係、さらには域内や域間の人の移動交流、そしてその個人的意図の利害が交錯しあって、問題の安定的な解決を困難にしていった状況は部分的に説明されるが、全体がどうなっていくかを把握することは困難な情況であった。

『日本書紀』でその複雑な状況を読む時に感じるのは、百済の王、武寧を継いだ聖（明）王の言動への違和感である。倭の大王「欽明」は「任那を復せ」とのたまうたのでそれを尊重し実現するとしながら、他の関係国への別の百済自身の意図が覗けるからである。状況を説明するのはそんな聖王であり、関係国に呼び掛けて会議を開くのも彼が中心であるが、当然のこととしてほとんどなんの成果もなかった。そして欽明七年是歳条で「高麗大きく乱る」の説明がある。高句麗王の死の後継争い（別の年表などによれば、安蔵王から安原王）で混乱した状況が出現し、百済は敵対していた新羅と共同で行動して高句麗を攻め、平壌まで占領した数年間の事実が『日本書紀』では触れないで隠されている。とくにその時点で百済と新羅の共同行動を思わせる文章も見られない。その時には倭はまったく埒外に置かれたわけである。

仏教の伝来をめぐる政治の始まり

それを感じさせないために欽明六（ＡＤ五三八）年九月に語られるのは、百済製の「丈六の仏像」の奉献記事である。高句麗にやや遅れて仏教を受け入れた百済はすでに自製の仏像を倭に贈るほどに信仰を広げたことは驚異的だが、誇らしく贈った陰があったことに気づいて、改めて違和感をもった者は私だけではなかろう。が事態が急変し、新羅が突如として尉礼城のある百済の旧都から百済を追い出した危機の直前、欽明十三年（ＡＤ五五二年）の仏像贈呈は、真に援助の必要が生じたための倭への懇請の意が含まれていたと思う。私がまだ若い学生の頃ふと気づいた疑問がやっとここで解けた。

新羅はこの京城確保で西の海の利用が容易となり、中国・唐との接触が強まり、その勢いがますます増大したのに対して、百済の焦りは大きかったに違いない。当然の動きとして弱体化した高句麗を攻めいくらかの成果を得た。聖王の子余昌はこの勢いで、将軍らの反対を抑えてさらに新羅を攻めたが、苦戦が続いた。その疲労困憊を見舞うために戦線に加わった聖王は、名もなき雑兵に撃たれて死んだ。二度にわたって倭国に仏像の贈呈を行い、倭の援助を得て三韓の盟主を目指した国王の死は痛ましい限りだが、部下の言を容れることなく焦りの中での無謀さがなした業《ごう》としかコメントできない。しかし『日本書紀』はそうした突き放しはできないのは当然であろう。この聖王の死に対する蘇我臣の言葉がある。【聖王、妙に天道地理を達《さと》りて、名、四表八方《よもやま》に流《し》けり。意《おも》謂ひしく、永《ひたぶる》に安寧《やすらけきこと》を保ちて海西の蕃國《となりのくに》を統べ領《おさ》めて、千年万歳、天皇に奉事らむとおもひき。豈図りきや、一旦に眇然《はるか》に昇遐《わか》れて、水と与《とも》に帰ること無くして、玄室《くらきや》に安みせんとは。何ぞ痛きここの酷《から》き。何ぞ悲しきことの哀《あから》しき凡そ在含情《こころあるもの》、誰か傷悼《いたみ》せざらむ。当復、何の咎ありてか茲《こ》の禍を致す。今復、何の術を用てか国家を鎮めむ】と。

我が国は滅びるだろうかとの百済王室人の嘆きに対して、蘇我臣は国を建てた神に願えば、救いはあると答えたという文章が続く。読み手の私はここで問わねばならない、「この蘇我臣とは誰か」と。臣だから蘇我稲目大臣ではない。が、この場面で稲目に代わって百済皇子と会話できるのは蘇我馬子以外にはないのではないか。しかし仏教を深く信仰する馬子の言葉とも思えない。だがここでその浅薄さにかかづらわることはやめて、蘇我馬子が百済や高句麗を介するのではなく中国・隋と直接関係を持とうと考えて、不遜の国書をしたため、隋の皇帝を激怒させた事件に触れておきたい。新たに大臣となった蘇我馬子の卓越さを狙ったこの記述はなぜか『記紀』にはない。

中国・隋の国史『隋書』によれば、初代皇帝（文帝）の開皇二十年に第一回の遣隋使が派遣されるが、その記録で倭の王の姓はアメ（天）、姓はタリシヒコ（足彦ないしは帯彦）でアホキミ（大君）と号していたこと、また皇太子はワカミタフリ（稚足）と呼ばれたことを書き記している。こうした知識は誰の口から伝わったのであろうか。それ以前から十年余にわたって隋に渡っており、中国の制度を習得し、帰国していた人物の存在を推定せざるをえない。その人物の特定も意外に容易である。そのヒントは倭尊名に「帯」ないしは「足」の字が付いた「天皇」か皇太子の存在を常日頃から知っていた人物である。「たらし」は特殊な称号であり、しかも男子で、さらに百年以上も前の古い時代の人物ではありえない。とすれば「舒明」以外にはないが、一人例外的にありうるのは皇太子時代の「敏達」である。後述するが彼が皇太子の時、後に述べるある事件の調査で父「欽明」に指示されて、近江の息長《おきなが》タラシ彦の下に数ヵ月間滞在したことがあり、その縁でその娘・広姫を后として迎えているので、人々から若タラシ（帯）と呼ばれていた可能性は十分にある。また『新唐書』で「メタリシヒコ」とも呼ばれたと書かれている「用明」かもしれない。

以上の検討から、「用明」期に、多くの女性が仏法を学びたいと中国行きを希望したので、その引率を兼ねて、かの国の官位制度などを学ぶ目的で、誰かが建国されたばかりの隋に渡ることを大臣から命じられた。想像だが、その誰かとは小野妹子である。そして能吏の彼は数年の滞在で目的を達し、「推古」期に帰国して倭国の十二位階の制定を主導した。妹子の才能は隋在住時から認められ、日本名をもじった蘇因高の中国名をもらい、皇帝秘書の裴世清《ハイセイセイ》とも懇意の仲になっていた。

「国書問題」の真実は

小野妹子を使った蘇我馬子の対隋交渉はあまりにも有名な「日出づる処の天子、日の没する処の天子に書を致す」と書かれた国書を発端とする事件である。問題となる前半の国書の内容などについては『記紀』に一行の記載もない。すべて『隋書』である。倭にあるのは『書紀』「推古紀十六年」の返礼隋使の倭訪問記事であるが、大国隋が倭の遣隋使の返礼をするはずはない。まったくの作り話で事実はこうであったと推定される。

隋の皇帝・煬帝の大業三年（AD六〇七年）、タリシヒコ（天皇のこと）が仏教を学ぶために僧数十人を送るとした国書だったが、皇帝は己を侮辱する言葉があると激怒し、「蛮夷の書、無礼。またもって聞する勿《なか》れ」と命じたと『隋書』には書かれている。しかし奇妙なことに、その翌年、裴世清らが国書を携えて倭に派遣された。同道したのは蘇因高、つまり小野妹子である。隋帝の怒りを聞きその対策を立てたのは、おそらく国書の筆者で権勢絶倫の大臣馬子で、彼が起こした筆の誤りで、「東の日の出と西の日没」にある日の字を天子に変えた軽はずみだったのだろう。その失策を隠すためにひそかに小野妹子を派遣し、友人の裴と密談させて筋書きを描き、それに従って皇帝の怒りを宥《なだ》める計画を立てて実現させたのが倭国への裴の招待となったのである。彼は中国皇帝の国書（と称する書）を持参したとされているが、国書持参のはずはない。同道した妹子とともに途中百済で休養した際に、百済人に盗まれたと「推古紀」十六年八月条に書かれている。それがわかり、倭の群臣は「是の使、何ぞ怠りて、大国の書を失ふや」と流刑を決めたが、「天皇」は勅して「罪有りと雖《いえど》も…其の大国の客等聞かむこと、亦不良（不正が隋の同行者に知られたら良くない）」として無罪とした。もちろんすべては企て通りであろう。宮中では大袈裟な儀式が行われた。庭の真ん中に隋からの貢物を並べその前に臣連を立たせ、裴が国書なるものを読み上げ、昨年の朝貢を喜んで受け、遠方にもかかわらずなされた美《みさお》を嘉とすることを告げる。その国書を大臣が受け取りすべての式を終える。この行事に加わった皇子、諸王、諸臣らは「悉に金の髻花を以て頭に著せり。亦衣物に皆錦・紫・繡・織、及び五色の綾羅を用ゐる」との文章がつづく。その華麗さが目に浮かぶが、茶番と知ってしまうとなんとも情けない。この出来事はおそらく超絶した力量を身に付けた蘇我馬子が、中国皇帝の権威を借りて「任那問題」に取り組もうとして仕組んだ試みで、自分も強者だとの思い込みの結果のもたらす筆の走り過ぎで生じた失策だった。もちろん莫大な賄賂の支払いだけが残る無駄事で終幕したのだと思う。

「任那問題」へのいくつもの取り組み

『書紀』には他にも「任那問題」に取り組んだという記録はいくつかある。後に書くことになってしまったが、「欽明」を継いだ「敏達」の努力で、高句麗の対倭政策が変わり、国交を開始したのをきっかけにして、新羅が倭との接触をより宥和的に変更したため、倭、新羅、百済間の相互関係が友好化した。ただそれが真実だったかどうかは誰にでもわかる。「推古紀」八年の是歳条には、境部臣（馬子の弟）を大将軍とした数万の倭軍が新羅を攻め、謝罪させて毎年の朝貢を欠かさないことを約束させたとして帰還したが、また任那を侵すという文言もその記述の結語に見える。もともとは単なる状況視察であろう。その結果が明らかになれば、国の歴史はかくも自ら力量の高さを称賛せねばならないかと鼻白ませる。新羅が境部軍に五つの城を落とされ、白旗を掲げて謝罪し、六つの城を差し出して降伏した。その時境部の将軍らは協議して、新羅が己の罪を認めて降伏したのだから、「強いて撃たむは可もあらじ」として戦を止めた。「天皇」は検討し、使いを出して「約束の朝貢をすればよい」とした。この措置に、新羅は【天上に神有します。地に天皇有します。是の二の柱を除きたまひては、何にか亦畏きこと有らむや。今より以後、相攻むることあらじ、且船舵を乾さず、歳毎に必ず朝む】と誓わせて撤退した。が、その後「新羅、また任那を侵す」の一言がある。前半の文言は外交問題ながらいかにも仰々しい。しかし後半の部分は『日本書紀』のものとしては少々解せない。時の天皇が「朝貢すればよい」としたのである。だから倭としては「任那問題」は倭の領有権問題ではなく、朝貢問題であることを確認して撤兵したのだから、新羅がまた任那を侵したとしても、それは新たな新羅と任那間の問題ではあっても、まずは倭には無関係である。任那が改めて倭に問題を持ちかけ救援を頼むとすれば別だが、そうした事実はない。当時の任那の大勢は新羅への帰属であった。書き手の史人の認識の歪みとしか読めないが、かかるほどに「任那問題」は複雑で理解困難な問題なのである。

十年条にも来目皇子（聖徳太子の同母弟）が二万五千人の兵を率いて筑紫まで行ったが、病で中止となったというのもこの複雑さを印象づける証しかもしれない。総じて言えば、政治の権力をほぼすべて手にした蘇我氏が「任那問題」に正面から取り組んだとしても万人を納得させられるようなテーマではなさそうで、この曖昧な蘇我氏の対応は問題の解決に積極的でなかったという評価には至らない。それどころか若干の小競り合いはあったが、大将軍「紀男麻呂《きのおまろ》宿禰」が百済と連携を取ったと書かれるほどこともなく小競り合いで終わった。もともと、「任那問題の解決」という「欽明」の直接の主張そのものの内容が曖昧なままで、深く論じられてこなかったこと自体が問われなければならなかったのである。遅ればせにも「推古」が「それは朝貢問題だ」と断定したのは、馬子らの取り組み方をめぐるマエツキミらの激しい議論を冷静に聴取したうえでの判断だったとするならば、まさに優れたものであったと言わねばならない。あるとすれば、任那に暮らす人々の安寧をいかに保障するかであるが、それが論じられた記録はほとんどない。倭の高官（マエツキミ）らだけでなく、貢を持参する新羅の使いですら事情をしっかりと把握していたわけではないという記録もある。欽明時代に戻るが、欽明二十三年十一月段に、その使節が任那に対する新羅の対応が倭の怒りを買って捕縛されるかもしれないとおそれて使節の役を放棄して実行しなかったが、そのまま本国に帰れば罰せられることは必定で、結局、摂津の三島郡の百姓となったという記事があり、事の複雑さを語っている。しかしもし任那問題の真の解決に大きな利を得る人々があるとすれば、それは応神の時代で任那の戦に加わり、そのまま任那に留まった熊襲系の倭人であったであろうから、もはや幾世代を経た現地の後継者の問題である。その時を経た「任那人」は体制として新羅になびいている。その代表者と倭の将軍の話し合いもあった。その後も新羅懲罰軍の派遣が検討されるが、実行段階になるとそのリーダー級のなかの当人か、その身近な親族の死亡などの理由で中止となっており、真意をつかむことなく曖昧に時が過ぎたように見えるが、事実は別のところにあったのではなかろうか。

政治から逃避した聖徳太子の賢明

蘇我氏のなかで一人独自の位置をもったと思われる聖徳太子はどうであろうか。彼には天皇を輔弼する重要な役職がある。「日出づる処の天子云々の国書を書いたのは聖徳太子だ」と小学校の先生から聞いた記憶がかすかにある。十七条の憲法も太子作という説が世間に広がっているが、その内容を見て考察すると、全般的に言って凡庸で、指導者がその担当者に対して一般的にあるべき姿勢を提示したに過ぎないと考えた方がよさそうである。たとえばもっとも有名な第一条の「和を以て貴しと為す」とは些細なことで対立しあう蘇我一族に対する和の重要さを語ったものので、それを強調せねばならなかった氏内の対立を取り上げねばならなかった状況の反映だという説に加担したい。国書問題も「十七条憲法」もやはり馬子の強力な指導がつくりだしたものである。まだ少年の角子《あげまき》姿の厩戸皇子だった太子が、白膠木《ぬりで》で四天王の像を作り、たぶさに縛り付け、勝たせていただければ護世四王のための寺を建てると誓って、蘇我・物部の激闘のなか猛烈な抵抗で怯む蘇我の勢力を奮い立たせる大奮闘で先頭になって進んだと「崇峻紀」が記している。その誓いに違うことなく四天王寺建立を実現させ、また法隆寺のために斑鳩に居住するようになり、高句麗の高僧を招き、仏法の神髄を極めようと努めた聖徳太子が、そうした政治に時を費やしたかどうか、ほぼありえないことである。がもし、聖徳太子が摂政としてなしたかもしれないことと言えば、「任那問題」を引き起こした諸国対立のより深い探求と、それを重大化させないための辛抱強い交渉以外は考えられない。その困難な問題に真に賢人の太子が没入するはずはない。もっともその方向で努力した「天皇」も実在していた。続く章のなかで紹介したい。

蘇我氏の政治の総評価

その前に付け加えておくことがある。稲目、馬子、蝦夷、そして入鹿と続いた蘇我本宗系の歴史的評価である。「雄略」の強権的政治でその後二十年近くも実質空白時代を終わらせた「継体」が進める親百済政策は、群小国の集合だった任那を崩壊に向かわせ、新羅の強大化につながった。その間の大和の旧豪族が衰退化するに代わって、新興の蘇我氏が地道な内治、とくに大和中心の政治に対抗しようとした吉備や筑紫の磐井の反乱鎮圧の後始末などで、その地に屯倉《みやけ》をつくり名田を広げて大和に富を集中させるとともに、自らの富と権力を高めたということであろう。中国などからの帰化人のもつ先進的な知識を利用して、大和の豪族に人気の高かった「雄略」の血統をもつ「欽明」を育て名声も高めた。そして政治に直接かかわるマエツキミ層の多数を獲得し大臣を独占して、新興氏族ながら安定した権力機構を作った。尾張から草香（日下）に居を移し、大和に強固な権力基盤を作りつつあった尾張連勢力は、擁立した「継体」の失政により力をなくし、旧勢力の大伴などの支援で対抗して「安閑」「宣化」の尾張系「天皇」を形だけは残したが、短期間に消滅した。中立を守った旧勢力の雄、物部氏も大和の出入り口の水脈《みまた》に居を移し、蘇我に対抗したが、稲目や馬子の巧妙で且つ強力な攻勢を避けえず、大和から姿を消した。蘇我宗氏系はその独占的な地位を利用して「用明」「崇峻」「推古」と三人の「天皇」を生みだしたが、氏族の強固な結束が結果として蘇我宗家の独占体制を生みだし、山背《やましろ》皇子（聖徳太子の子）をふくむ傍系を武力で消滅させた入鹿の暴走を許すなどで支持を貶《おと》し、「乙巳《いっし》の変」で没落した。長く世に広く知られていた「大化の改新」である。蝦夷の弟・倉麻呂系の蘇我がこの「変」の主役の一員であったことによる歴史呼称の変更なので、史学上では「改新」にふさわしい乱とは言えず、いつの時代からかは知らないが、蘇我宗家の没落とみるのがふさわしいとしての呼称「乙巳の変」に替えられたことは妥当であろう。

一世代をつくった蘇我宗家のなかでは、蘇我馬子と聖徳太子の名声が『日本書紀』でも際立っていることに否と言う気はないが、私はむしろ柔軟ながら妥当な政治の筋を通した「推古」を推したい。任那問題を貢納問題とする判定を下したことは、最も妥当な判断だった。馬子の強い要請で天位を継ぎ、三十六年の長期にわたってその地位にあった彼女は、強力な馬子のリードの下で大過なき治政を保ち続けたことは、自ら馬子の長寿を祝う宴のなか、群卿を前に「真蘇我よ蘇我の子らは　馬ならば　日向の駒　太刀ならば　呉の真刀　諾しかも　蘇我の子らを　大君の

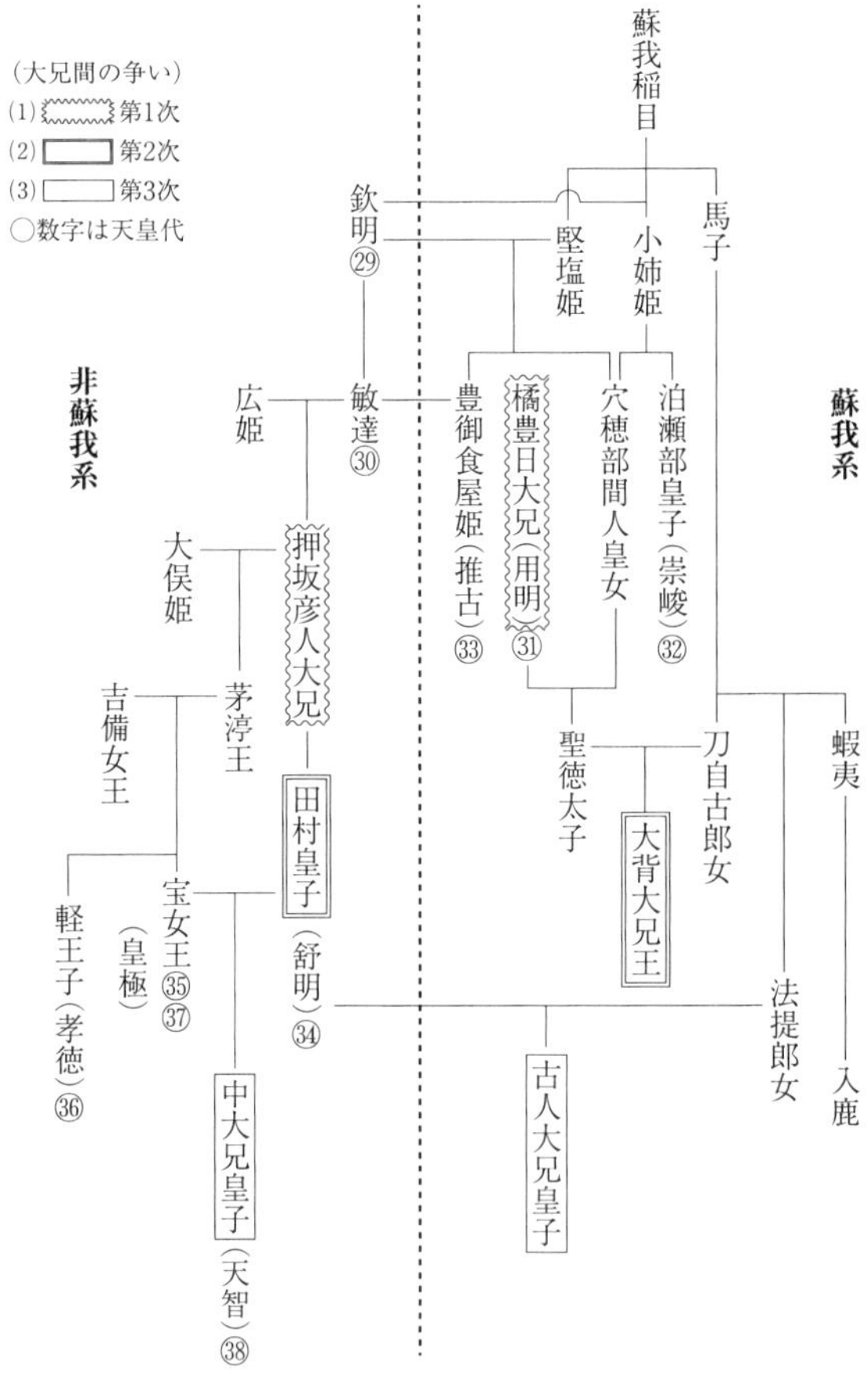

大兄対抗系図

使わすらしき」と祝ったと書かれ、「隋書」におおきみ（阿輩鶏弥）は「天皇」の号とも書かれた文字そのままを使って馬子を畏敬もし、また追従もした。しかし、その馬子が最晩年に蘇我氏の発祥の地に隣接し、かつて「雄略」が円大臣一家を焼き殺したうえで奪った垂涎の土地を蘇我氏に下賜させるようよう要請したのに対して、「推古」はこれまで大臣の言葉を違えたことはないが、【今朕が世にして、頓《ひたぶる》にこの県《あがた》を失ひてば、…『愚かに痴《かたくな》しき婦人、天下に臨みて頓にその県を亡《ほろぼ》せり』とのたまはむ。豈《あに》独り朕不賢のみならむや。大臣も不忠《つたな》くなりなむ】と述べて許可しなかった。このわずか一つの言動だけでの評価の可否はともかく、三十六年の公事の果に馬子の最後の無理難題を許さなかったことは、「推古紀」でひときわ高く輝く一言である。生前から巨大な墓を造らせ、権勢を後世に残そうとした蘇我氏の面々のなかで、「朕が為に陵を興てて厚く葬ること勿《なかれ》」の遺言も残し、敏達の后時代の愛児・竹田皇子の墓に埋葬された一生をとくに記憶に残したい。

第九章　崇仏と非仏の狭間に揺れる社会

『日本書紀』全三〇巻のなかで、「欽明」を継いだ「敏達」以降「孝徳」まで、各代にわたって冒頭のそれぞれの代の特性を示すのに、「崇仏か非仏か」の一言を述べるケースが多々ある。その最初の「敏達紀」には「仏法を信《う》けたまはずして、文史を愛みたまふ」と記されている。他にも「皇極」の場合には「いにしえの道」の表現もあり、「孝徳」の崇仏と言いながら、儒《はかせ》を好むといった多様な表現もあるが、時代の特性の評価基準をほぼ崇仏か非仏かで判断させている。

では崇仏か否かを分ける基本はなにか、それは仏法を信じる、あるいは信じない、神を敬愛する、あるいは敬わないということかではなく、極言すれば、新たに大和の諸豪族の頂点を極めた蘇我氏に積極的に従うか否かであり、さらに加えて旧勢力で生き残っていた物部氏とどう関係したかである。崇仏が必ずしも神を侮《あな》づる意味でないことは、百済の聖王が討ち死にし、その報告と救援依頼で来倭した百済の皇子・余昌に対して、蘇我臣が「汝の国は神を捨てて祀らず…」という過ちを改め、宮を修復し神を祀れば国栄えるべしと説いた記事でわかる。「欽明紀」十六年二月条にある。他国の皇太子に対して、かくも説得調で話ができる蘇我臣は馬子臣としか考えにくいことは前に述べたが、馬子が崇仏か崇神かを問うのは愚そのものである。『日本書紀』の基準はあくまで崇仏とは反物部を含意している。その意味で崇仏と言えるのは、「敏達」から「斉明」までの七人の「天皇」のうちの「用明」と「推古」だけであり、蘇我宗家系に近い「崇峻」でさえも非蘇我の大伴連の姫を妃に迎えて反馬子の意思を顕わにしていた。彼が馬子の命令で殺されたのは、食事時の無駄話で馬子をなじったためではなく、物部と派を同じくする者との近親性の故であることは常識であろう。

非蘇我のきっかけとなった高句麗使節遭難事件

蘇我稲目が細心の注意を払って育てた「雄略」血統の「欽明」が蘇我全盛時代のために大いに役立たされたことは明白だが、その「欽明」が自己の最末期に、時代を変える始まりとなった一つの事件に深く関わったことは、あまり問題にされてこなかったのではないか。そうした想いで前掲の同人誌に「敏達天皇の優れた業績」と題した歴史雑文を書いた（『追伸』一四号）。そこでは事実とされるものを並べただけなので、その意味づけを含めて以下に記述したい。

「欽明」三二年三月、蘇我稲目が没した。その翌月、病気静養中の欽明を見舞いかたがた越の江淳臣《えぬのおみ》裙代《もしろ》という人物が問題を持ち込んだ。もし稲目の死がなければ実現しなかったに違いない。稲目ならば重くは取り上げなかったであろうから、奇跡とも言える機会であった。通常ならば地方の一臣が「天皇」に単独で会えるはずはないが、裙代には氏の系歴のなかに百済王室のものだけに許される余姓をもつ女性がおり、かつて「雄略」が百済の王の弟一家を国内に引き入れた家族の一員だった。裙代が「欽明」にもたらした情報は高句麗の使者が越の沖で嵐に会い、辛うじて浜にたどり着いた時、土地の郡司が京の役人の名を騙って貢ぎ物を取り上げ、放置したことで難渋しているというものであった。「欽明」はまだ稲目の後任が決まらぬ時だったためか、皇太子に調査を命じた。重要な部分だけに触れれば、後の「敏達」となる皇太子は高句麗の遭難者を山城の館に収容し、窃取され国書や貢物を返却させただけでなく経過を詳しく調査した。

そのために事件の現地と京の中間にある近江東部の豪族、息長真手王《おきながのまてのおおきみ》の館に数カ月滞在し、さらに現地である越の三国にも足を運び、関係者からも直接報告を聴くなど多忙な日々を送った。その間、真手王の娘・広姫とのあいだに王子をもうけ、後の押坂彦人大兄皇子《おしさかのひこひとおおえのみこ》と名づけて己が後継者と決めた。この調査で多様な人々と交わるうちに民のもつ活力ある生きざまに多く学ぶものがあったに違いない。一年を経ずして亡くなった「欽明」を継いだ時の『日本書紀』の冒頭紹介には「仏法を信《う》けたまはずして、文史を愛みたまふ」と記述されているのは、こうした事態を踏まえた納得できる評価である。広姫はわずか四年で死に、彼「敏達」を取りこむために蘇我馬子が長女の豊《とよ》御《み》食《かけ》炊《かしき》屋《や》姫《ひめ》（後の「推古」）を后に配したのを受けいれたためか、とくに目立った事績は挙げられなかった。ただ一つだけだが、歴代の「天皇」が誰もなしえなかった貴重な情報、「百済の極秘対倭政策」を引き出しえたのは、それまでの人格形成過程で得た対人能力だったと思う。まわりから追い詰められつつある百済の対倭戦略は、倭にとっての危機につながりかねない驚くべき秘話であった。「敏達」の粘り強い対応で知りえた情報をもとに対百済政策を進めれば、後の「白村江」の悲劇で蒙った損失は避けえたかもしれなかった。歴史の後知恵とはいえ、それが何故起こってしまったかの検証を「倭・百済同盟強化問題」として重視しながら、今後の叙述を進めたい。それは「任那問題」と密接にかかわっているからである。

　ところで押坂彦人皇子は激化してきた蘇我と物部の対立では反蘇我の思いを持ちつつもそれを表面的には表わさなかった。系譜上の位置から言って蘇我に与《くみ》するとみられていたので、対立が衝突にまで拡大してくると、物部派からはしばらく呪詛《じゅそ》の対象とされたが、やがてその根拠などの記述はないが逆に反蘇我の「水派側（つまり物部派）に付く」と評された。敏達の子、彦人大兄皇子が異母妹の糠《ぬか》手《で》姫との間で生んだ田村王子はやがて「舒明」として即位するが、その尊名は息長足《おきながたらし》日《ひ》広額《ひろぬか》で、景行以来三代続いた後、二百年ほど前から絶えてなかった尊名で呼ばれることになった。そこには父（押坂皇子）と祖父（「敏達」）、そして祖母・広姫に関わる何らかのゆかりが込められた意図の存在を強く感じる。とくに「文史を好む」と評された祖父「敏達」への憧憬の強さを示したものかも知れない。

「舒明」の治政は十三年と短い。難航した後継天皇選びの叙述が長く続く「舒明前記」のせいか、彼「舒明」の崇仏か否かの記述はないが、尊名から言えば非仏派であった。后は押坂皇子の孫の宝皇女《たからのひめみこ》で、あきらかに反蘇我の性格が濃厚である。しかし、その十三年間は国内外で動乱の続いたなかで生じた短いが和平で静穏な時代であったかにみえる。そのわけは『万葉集』の二番歌が、彼の歌とされる大和の美しさを賛美する天の香具山からの国見を詠った長歌である。長くはないので紹介しておこう。

大和には　群山あれど　とりよろふ　天の香具山　登り立ち　国見をすれば
国原は　煙立ち立つ　海原は　鷗立ち立つ　うまし国ぞ　蜻蛉島　大和の国は

国を統率した強力な「雄略」歌を一番とした『万葉集』が、この平穏な「舒明」歌をその後に配した編者の才気を感じざるをえないが、『日本書紀』の史人もそれにふさわしい筆の運びでこの時代を描いている。しかし実際は陰に危機が迫っていて、その兆候が見え始めるのであるが、そうした指摘は何一つない。

一度だけある戦さ話は女性の活躍で勝利するいくらか滑稽とも言える事件である。舒明九年に蝦夷が謀反を起こして朝貢しなかった。都から派遣されていた将軍の指揮で地元兵らがそれと戦ったが、敗北して逃げ帰り、逆に村が包囲された。さらに逃げ隠れしようとする兵らをその妻らが嘆き、先祖の名を辱め後世の嗤われ者となるなと励まされ、勇気づけに酒を飲ませ、夫の剣を佩《は》き弓を張った妻数十人が一斉に弦を鳴らした。それに怯んだ蝦夷が怖気づいて退散したというもので、おそらく些細な諍い事に違いないが、考えようではのんびりした話である。蝦夷の小さな村の租の徴収のちょっとした失敗談といったものか。

外国との関係でも難波の三韓館が修理され、高句麗や百済の使者の頻繁な来朝が記されている。新羅の使節も単独ではないが、唐の高表仁が前年唐に渡った倭の高官を送りかたがた新羅の使を伴って来朝した。それは舒明四年の暮のことで、上陸して三韓館までの歓迎は華やかだったと記録されている。しかし一カ月ほどして高表仁帰国の記事になるが、来訪の目的も成果も記述されずに終わった。注によれば、高表仁は王子と礼を争い「朝命」を宣べずに還ると『旧唐書』に書かれていることから、門前払いになったようである。新羅の使いを伴っての来朝なので、三韓とのかかわりあいでの対応問題がテーマだったように思う。とりわけ百済と新羅の対抗問題に関わる倭の対応を探るものだったとすれば、そこから唐の対応も探れる貴重な使者であった。韓三国の新たな対立、即ち高句麗と百済に対抗する新羅という問題についての唐の立場表明と交渉ではなかったかと想像する。だから倭にとっても無視できない重大課題だったに違いないので、この結末は後の祭りというよりは大失政で残念至極と言わざるをえない。『旧唐書』の言う王子は倭では皇子であろうから中大兄以外はあり得ないが、手続き段階での微小な齟齬を無視し、唐の書を受けて会談が進んだとしたら、先の「敏達」が得た百済の対倭政策の秘匿された意図の真実を生かしつつ交渉が可能だったと思うので、返すがえすも残念なことであった。

これも目立たない記述だが、前年の舒明三年に百済王がひそかに王子豊章を人質として倭に送ってきていた。中国という頼り柱をなくした百済が高句麗を伴って頻繁に出入りしていることとあわせ考えれば、それに関する重要問題を含んでいないはずはなかった。静穏な舒明時代の底流に不気味なものが流れていた。そのことを蘇我馬子の後継者、蝦夷やその代理を自称して行動する入鹿はどこまで気づいていたであろうか。その進言ができる役人がいなかったのか。それとも規律の乱れが横行していたのか。舒明八年七月段に大派《おおまたは》（反蘇我派）の王が最近の群卿・百寮の規律の乱れが激しいので注意せよと大臣蝦夷に進言したが、大臣は取り合わなかったという記事があるので、それが慣習化していたのか。そんな弛緩した朝廷だから重大問題を落ちこぼしていた状況があったように見える。

倭ののんびり状況の中、東夷圏状況は大きく変わってきていた。それが百済王の子供の人質の真意をあまく捉えて、見過ごしてしまうことにつながった感がある。『新唐書』が日本は「高表仁表を遣わして往きて諭さしむ」の中味を開かせなかったことを遺憾と書いているほどの期待が込められていたのにと言わずにはおられない。新羅が京城を確保し、黄海側に進出し、唐との結びつきを強めた状況では、倭の主張する「任那」問題は大きく意味を変えていた。唐が本腰で三韓問題に力を注ぎ始めた時期と重なる。ＡＤ五五〇年頃の東夷の新たな状況のなか、蘇我政権内の対応は、依然として従来の枠にとどまったままの見解の対立が続いた。穏健派が任那問題は単なる利権で、貢物の量で解決するという主張に対して、強硬派は任那の土地（金官国の一部）そのものへの権利を主張し、馬子を継いだ蝦夷はほぼ前者を取り、その弟境部らは後者に沿った行動を主張した。蘇我でも境部系は一貫して強硬派で、その点でも中大兄や中臣派らと軌を一にしていた。

「乙巳の変」が任那問題に与えた影響

以前は「大化の改新」と呼ばれた政権の変動は変わりつつある東夷圏世界をどう捉えたであろうか。「舒明」を継いだのはその后だったアメトヨタカラヒタラシヒメ・「皇極」で、押坂彦人大兄の孫である。明確な非蘇我的思考をもち、『書紀』には「いにしえの道に順考した政治」を行ったと書かれている。代替わりに伴う韓三国からの葬儀や祝賀への参加状況などから見て、明らかに百済、高句麗と新羅の間に差が見えるが、それ以上のものではなかった。その影響が決定的に明らかになるのは次代の「孝徳紀」のなかである。蘇我入鹿の所業、とくに次期天皇をめぐって、自己の推す最も近親の古人《ふるひと》大兄を優位に立たせるために、対抗候補の聖徳太子の子・山《やま》背《しろ》大兄一家の殺害にまで及ぶ経緯の記載は詳細を極める。そしてそれへの批判として「皇極」の子・中大兄が中臣連らに支援されて蘇我傍系の倉山田臣の娘との結びつきを強め、入鹿殺害に至った経緯は「乙巳の変」として世人によく知られたとおりの経過と結果に終わる。

ただ、ここでの一つの疑問は、入鹿殺害の場が「三韓上表」という場だったことである。私が述べてきたように、高句麗、百済使節の入国は頻繁であったが、新羅のそれはほぼなかった。「任那問題」後の修復はまだ本格的に終わってはいなかった。そのなかで国王の葬祭儀礼での新羅使節はあったが、それ以外で三つの国が共同で国書を授受するケースなどがありえたかどうかである。そこで中国文献に目を転じて『新唐書』の百済の編をめくると、百済王義慈が王子を倭国に人質として送った当時、百済と高句麗は同盟を組んで新羅を攻め優位な戦いを進め、新羅はその苦境を唐に訴えて、仲裁を依頼していたようである。唐の初代皇帝太宗の末期から次の高宗時代にかけてのAD六五〇年当時は、北方の騎馬民族の靺鞨《まっかく》を含めての攻勢で劣勢いちじるしい新羅は唐に援軍を依頼するまでとなり、中国歴永徽六（AD六五五）年には軍事介入がなされている。こうした状況が『書紀』に現われるのは、乙巳の変で「皇極」に代わって急遽天位についた「孝徳」代である。大化元年七月条に「高麗・百済・新羅、並に使いを遣して調《みつぎ》進《たてまつ》る」と書かれ、加えて「百済の調の使、任那の使を兼領《あずか》りて、任那の調を進る」と続けられている。任那四ヵ村が新羅から百済に代わっていることに注意したいが、その状況は『紀』にはない。また乙巳の変後の左大臣・巨勢徳太古《こせのとくだこ》は百済、高句麗二国の使節に対しては旧来からの親密な関係を「三絞《みせ》の綱」に譬える詔を伝えている。しかし新羅の使との会談の記載はない。新羅がかつて「継体」時代に奪った「任那の地」が百済・高句麗の連合の力で奪い返されていたことがわかる、直後に倭国の役人がその旧任那の領域を確定し、その調を任那に明示して統治する「権利」を百済に与えることとされた。「任那国を以て百済に属け賜ふ」と明記されていたことで明らかである。この大化元年の記述は私なりの表現を使えば、以前の「任那問題」は「倭・百済同盟」と不可分なものとして確定されたということとなる。つまり倭はさらに一歩も二歩も深く百済側に踏み込んだということである。

しかしその「三絞の綱」はあくまでも倭と百済（弱体化した高句麗）の実質二国との関係に限られてきている。「任那問題」に直接関わった新羅はここでは全く無視された形となった。これまでの整理に従えば、倭と百済で交わされた「任那問題」の解決は、土地の具体的確定を除けば、新羅も納得できる内容を含んでいた。そのきちんとした実行はともかくであるが。そして「推古」時代に蘇我政権が推し進めようとした「任那問題」の対応も強硬派の見解を含めて、任那地の具体的な土地の確定も含めた解決を求めたものはほとんどなかったと思う。それは関係国すべての参加がなければ取り上げられない問題なのである。その新羅が新政権の「任那問題」への対応を推しはかるような倭への行動をおこなった。調貢の使者が唐の衣を着て筑紫まで来たのである。もちろん身勝手な行為だとして追い返された。左大臣の巨勢徳太古は「今新羅を撃たずば、後に必ず当に悔いあらん」と言ったと『書紀』は伝えるが、そうしたなかでの唐の介入の有無をどう考えたであろうか。「孝徳紀」ではそれについての一言もない。

ところでこの章のテーマに沿って言うと、「孝徳」は冒頭で「仏法を尊び、神道を軽《あなづ》り給ふ」と書かれている。しかしとくにそれらしい事蹟は記されていない。崇仏か敬神かといった問題はもはや語られることもなくなった時代に変わったに違いない。蘇我（宗家）亡きあとは、崇仏を掲げて政治の在りようを主張しあう対立がなくなったということが感じられる。それがあるとすれば、蘇我宗家系の凋落が社会の動揺につながることを避けるための配慮で、「孝徳」が進めようとしたものである。「孝徳」の治政は、それらしい目立った政治行為はないが、基本的には反中臣派、従って百済・新羅問題で言えば「推古判定」を支持する姿勢をもっており、中大兄らの動きには批判的だったように思える。中大兄の主導で、都が大和から難波に移されたのもそれを重視した行動だったと思う。蘇我の政治・社会への影響は簡単には消えるものではない。「孝徳」から大臣らに下された詔《みことのり》にある「あまねく大夫と百の伴造とに悦を以て民を使う道を問うべし」の意味するところは、「親百済に深入りするな」ということだったわけである。そこまで言わなくとも従来の蘇我路線を変えない方が良いという見解を心深くもっていたに違いない。

「孝徳紀」の崇仏派という冒頭評価はその意味で間違ってはいなかった。

こうした状況の下で、前述の強硬な決定がなされたとすれば、それを推進したのが、皇太子として継続して政治決定に大きな権力をもった中大兄皇太子以外にはない。その中大兄は次期天皇の有力候補の一人だった古人大兄を、謀反を理由に吉野で殺害し、さらに「乙巳の変」でともに蘇我宗家を絶滅させ、その功績で右大臣となった蘇我山田を、「謀反あり」の訴えを根拠に自殺に追い込んだ。かくして起こりうる「乙巳の変」のもたらす社会的不安がなくなったと判断してか、中大兄は孝徳四年の是年条で「倭の京に遷らむ」と要請し、その裁可のないまま、皇祖母尊（前天皇皇極）や皇后らを引き連れて大和の飛鳥の仮行宮に移ってしまった。「孝徳」はそれを恨んで、皇后宛の歌を詠んだと書かれている。

鉗着《かなき》け　吾が飼う駒は　引き出せず　吾が飼う駒を　人見つらむか

愛する后までも吾を見捨てて行ってしまったという心中を詠ったものだという。一年後、彼は難波の宮で寂しく死去した。

唐との繋がりをめざした動きはどうだったか

古代の「東夷圏」を考える時、比重の大小はあれ中国の影響を考えずにはおられない。蘇我馬子が隋との関係をいち早く見抜いて交渉をもったことは、それが成功したとはいえないまでも、やはりすぐれた目配りであった。百済が中国南朝との密接な関係を築いて、羈縻《きび》政策という影を持ちながらも四囲との関係を有利に展開させてきたことは、これまでいろいろな場で有効に働いた。それが崩壊し北朝の隋に統一されて新たな隋関係の構築に失敗したことは、百済にとって深刻な事態となった。それを補うべく、倭との関係を従来以上に強めねばならなくなったことも自然の成り行きではあったと言えよう。かつてこの問題に対して、百済の異常な親和政略に危うい意図があるという確実な情報を得ていた「敏達」は、当然大臣らに伝えて注意を喚起しており、「敏達」の存在を改めて感じざるをえないが、それへの具体的対策はほとんど見られなかった。

「任那問題」を抱えつつ朝鮮半島諸国の中に介入している倭国としては、中国への使節派遣は決定的な政治的重さをもつものであったに違いない。しかし唐との接触は政権を手にしていた中大兄にとってもとりわけ難しい課題であった。これまでの経緯を踏まえれば数度の交渉のきっかけをもちながらも、それを見逃した稚拙さはやはり致命的な失策である。「孝徳」五年、高官・高向玄理《たかむこのくろまろ》を押使（特別重要な使命をもった役）として唐に派遣したが、彼は任務を果たす前に現地で病没した。しかしもし彼がさらに命があったとしても、すでに時機はあまりに遅すぎた。おそらく唐の百済討伐計画は実行の段階であったように思われる。その三年後の「斉明」三年に新羅の唐向けの使節に付して倭の沙門を交えた使を付随させたいという倭の依頼が新羅から謝絶されるなどは、「狼狽の極み」と見すかされていた。倭の姿そのものである。

第一〇章　白村江の悲劇を考える

「隠されがちな白村江の惨敗」を考える

百済が唐と新羅の同盟軍に敗れて、王以下重臣が降伏し、捕縛されて唐の都に連行されたのは斉明六年、（ＡＤ六六〇）と思われる。そのことを『日本書紀』は本文で書いていない。もはや現存していない高麗の沙門・道顕が書いたとされる「日本世記」を引用して注書きの細字文章の引用として示されているだけである。それに変えて、信濃の国に不吉な現象が現れ、あるいは救軍の敗北の怪《しるまし》かと書いている。そのうえ意味不明の漢文字六十余が並べられる異常な記述がある。読ませたくない文章の消された跡かもしれない。それと並べて「伊吉連《いきのむらじ》博徳《はかとこ》書」の文が続く。前年唐に向けて状況視察のために出発した使節が途中嵐で遭難し、江南の地に流れ着いてようやくに都についたが監禁状態に置かれ、やっと解放され本国に帰還を許された時に得た情報として、この年の十一月に、「百済の王より以下、太子隆等、諸の王子十三人、大佐平以下…三十七人、あわせて五十ばかりの人、朝堂に奉進」と書かれており、百済が最終的に唐に降伏したことを知った。そして使節らもやっと天子に接見し帰国に向かったと付け加えている。またある「書」いわくとして、「今年（六六〇年）七月に新羅、力を恃《たの》み勢をなして隣（百済のこと）に睦ず、唐人を引構せて、百済を覆す」という引用もある。別の場所には唐の将軍蘇定方の率いる兵一〇万云々の文字も見える。圧倒的な唐・新羅の連合軍に対して勇敢に戦ったが、斬られた兵萬余、五部（州か）、三七郡、二〇〇城、七六万戸を平定されたと『新唐書』は記録している。

倭国に人質の名目で滞在していた百済の皇太子・豊璋は敗戦の翌年九月に、倭の兵五千人に護られて帰国した。叔父で残留者とともにゲリラ活動を続けていた福信は大感激で迎え、国政の統率者としてすべてを豊璋にゆだねた。もっともこれは「天智即位前記」によるものだが、『新唐書』では福信は野心家で自ら王になる策略をもっていたので、豊璋に殺害されたと書かれている。唐の反百済評価は根深いので事実はつかみにくいが、疑心暗鬼で統一できないままの諸行動が各地に広がる状況であったということであろう。「天智元年」には豊璋のもとに集う百済の残兵などをまとめて百済側の将らが三万の兵の展開を山岳で狭いが護りやすい「州柔《つぬ》」とするか、平地で豊かな食料確保が容易な「避城《へさし》」にするかをめぐって議論が分かれ、結局は後者を取ったが、そこへの新羅の攻勢で村々の焼き討ちが広がり、守備の弱点を突かれ、敗退し、北部の山がちの地への後退を余儀なくされる状況が詳しく語られている。この状況を詳しく紹介したのは、この百済の南部地方では百済に従わない地方勢力も結構多かったために、広く住民に依拠する戦略が取りにくかったという状況があったための選択であったことを言うためである。地域住民に心から依拠できない戦いに勝利はないことは明白である。

こうした詳細な状況が記述できるのは、この時の戦いに新羅を援助する唐の部隊の中に『日本書紀』の史人《ふみひと》のうちでも重要な役割を果たした続守言《しょくしゅげん》が加えられていて、百済の捕虜となり倭に貢として献上されていたからで、彼の体験が生かされているのではないかと思う。まったく同じ役割を演じた薩弘恪も同じ経歴の持ち主で、彼が執筆した『日本書紀』の部分は「孝徳」や「斉明」の巻であり、先に見たように彼の体験が生かされていないように思う。それが彼の担当部分にあるいくつもの不吉な予言めいた筆跡に反映しているのかもしれない。例えば、「斉明」六年是歳段にある百済救援のために駿河で船を造らせたが、それを輸送中に理由不明の故障で転覆したことが書かれているが、「衆終に敗れむことをさとりぬ」という予言をしている。この種の彼の周りで不利で不確定な政策判断に疑問を抱くものが多かったことを意味するとすれば、そうした空気は広く流布する倭国内の空気を読めなかった時の政策指導者の力量を疑わざるをえない。

そうした状況の中、天智二年三月に前・間・後の三隊に分けた総勢二万七千余の兵を乗せた倭国の船団が、求められた百済の地の白村江に向けて出発した。『三国史記』には千艘と書かれているが、「天智紀」には船数の記載はない。一方の唐軍は一七〇艘が岸に並んで倭軍の上陸を防ぐ陣形を取った。倭の前軍の船はその陣列を破れず敗退した。倭の将と百済の王の判断はこの状況を直視せず、「我ら先を争はば、彼自づからに退くべし」と判断し、中の隊が突き進んだが、唐の陣形を破れず敗退した。『書紀』には「ときの間に官軍《みいくさ》敗れぬ。水に赴きて溺れ死ぬる者多し。艫舳廻旋すこと得ず」とある。『新唐書』は「百済の扶余豊の軍勢は白江口に駐屯していたが、唐軍はこれと四度にわたって合戦し、いずれも百済軍を撃ち破り、舟四百艘を焼き払った」と記述している。「旧唐書」はこれに加えて、「煙焔天に漲る海水皆赤し」と書き加えている。新旧の「唐書」にはこの戦いについて倭国の文字はない。つまり彼の国は倭軍と戦ったのではなかったのである。「唐書」ではその後、驥尾政策の下での百済づくりについて述べ、成功することなく百済が国として消滅するまでの経過を書いているが、ここでは不要であろう。

私がこの章で「白村江の戦い」についての経過を、利用できた歴史書から引用して具体的記述に務めたのは、一つは私事ながら韓国の友人の案内で現地を訪れた体験があり、その時、白村江が現地の川の名称ではなく、その河口付近の海岸一帯の名称であることを知り、現地群山の海底考古学館の遺品などに触れた経験からだが、もう一つは唐との強固な連携の下で圧倒的な軍事力を集中した新羅が、百済を滅亡に追い込んだ戦さで、いわば「助っ人」の倭が「なぜかくも大損害の敗北者とならねばならなかったのか。しかも唐側が戦さの相手とは思わなかったのに」の疑問を解きたかったからである。帰宅後、問題の個所を見直して改めて「天智紀」に書かれた「州柔」や「避城」の意味が理解でき、百済の作戦の大失敗の根幹が納得できた。その無謀な戦闘にただ無批判に従ったことが大損害を被った主要因であることもよく理解し得た。敷衍すれば、百済は「州柔」戦術をとり、民に依拠して新羅兵の上陸を許さず、近くの適地に倭兵を上陸させ、沿岸で戦いを決すべきであったが、事実はすべてがその逆であったこと、そして倭としては百済との間で緊密な作戦計画を欠いたままの結論に追従したということである。最初の問題についてでは民に依拠せず、王室の安全を優先した百済首脳部の罪であり、次の失敗は倭の指揮責任者、恐らくは皇太子として関わった中大兄(「天智」)の無智無能さであることは明瞭であろう。「欽明」の遺言とも言うべき「任那」の回復の問題と、その子「敏達」の「百済政策」の再検討で「欽明遺言」はいかにあるべきかの再々検討を加えて、新たな段階でのあり方を熟慮できなかったことがそれらの失敗の根っこにあることは言うまでもない。能力にすぐれた「天智」だが、目指すべき基本が間違っていたと言わざるを得ない。少なくとも蘇我馬子はそれをなんとか実行し、「任那問題」が領土問題ではなく貢納問題であることをも考慮して、むしろ後者を取ろうとしたが決定できなくて問題を残しはしたが、次善の対応はできたと思う。私は「貢納問題」の曖昧さは認めてもさらに批判はしたくない。彼馬子はそれなりの思考を巡らしたと思うからである。一方の中大兄にはそれがみられなかった。より状況判断ができる状況のはずであっただけに、その責任を重く見なければなるまいとの感が強い。

そうした政治の失敗も加わって、それから二〇年も経ずして余王朝の百済は滅亡したが、少なくともその再興を含めて百済の復活を願って進められる残存勢力への援助のあり方は馬子時代よりもはるかに多様であるはずだったのに、「倭・百済同盟」にあまりにも固執して大量の船が自由に行動しかねる戦場での集中攻撃に追い込まれた中大兄の罪は深い。「乙巳の変」以降の政治最高の権力を握った中大兄が進めたのは、任那問題は領土確保であり、そのために倭・百済連合の不可分との判断とからめた強硬外交を進めたという仮説を先に述べたが、その最悪の結果が白村江の惨敗となったことは明白である。「孝徳」が進めた難波遷都は「乙巳の変」による大和の混乱を避けるためであったであろう。が、わずか数年で「孝徳」の反対を押し切ってまでして強引に大和に帰ったのは、己の外交方針の危険性を密かに考慮したためだったかもしれない。その危険性とは唐の本格的な倭侵攻である。その前哨戦として白村江を描いたのかも知れない。戦中派の私の感覚で言えば、それは「インパール作戦」だったかもしれない。

百済鎮圧戦責任者の中国の将軍から翌年になって使いがあった。たぶん百済戦が終わった旨の連絡で、倭への亡命者についての打ち合わせであろう。倭と戦ったという唐の認識はなかったことは『唐書』にその記載がないことで明らかだと先にも触れたが、対馬、壱岐、筑紫に防衛隊や烽火《のろし》の準備が進む。そのなか、天智四年九月に唐の役人が倭に来たが、年末には帰っている。そして二年後の天智六年にはさらに都が近江に移された。その間にも、防衛の城の建設が瀬戸内の海に面した各地で進み、遂には難波から大和に至る地にある高安城まで強化拡充された。それほどまでに唐・新羅の侵攻の開始を懼《おそ》れた。これらに影響されて戦々恐々の記述がつづく。「都遷すことを願わずして、諷《そ》へ練《あざむ》く者多し。童謡亦衆し。日日夜夜失火の処多し」と世間の人々は不安と反発を表現している。こうした不安が鎮まったためであろうか、天智七年に至って即位の式が行われ、后や妃、そしてその子孫が紹介されているが、石河蘇我系の子女の優位性が目立つ。際立っては太田皇女、鸕野《うの》皇女であり、そして伊賀の采女の生んだ最後の子・大友皇子ら相方九人の名が並ぶ。皇位就任を祝してか、新羅が「孝徳」以来の貢の使者として来朝した。高官位者ではなかったが、とりあえず新羅との異常な関係は終わったことになる。天智八年、高安山に登り、「民の疲れたるを恤《めぐ》みたまひて、議りて城の強化を止め作りたまわず。時の人めでてほめて…云々」とも書かれている一方で、逆に是の冬に「高安城…の田税を収む」の文字も見える。後日の段に、「その城に穀と塩を積む」とあり、そこでもまだ白村江を引きずっていることがわかる。羈縻政策の下で国の存続が許された高句麗からの来朝はしばしば記述される、唐に高句麗の廃滅を祝う祝意を送っている記事は「天智紀」にはない。関係にはまだ疑念があったのか。それを書いているは『新唐書』である。唐の情報は、最晩年「天智十年」に「寝疾不予したまふ」とされるなか、大宰府からの使いの伝言で、**【唐国の使人ら…総合べて二千人船四十七隻に乗りて、倶に比知嶋にとまりて、相謂《あいかた》りて曰く、今吾輩が人舟数多し。忽然に彼（倭国土）に到らば、恐**

るらくは彼の防人、驚き駭《とよ》みて射戦はむといふ。人を遣して、預め来朝《まうけ》る意を披《ひら》き陳《まう》さしむ】との報告があった。唐に戦意は感じないが、何らかの圧力がある雰囲気ではあった。この状況下で皇太子となった太政大臣の大友皇子は、死の床から東宮（大海人皇子、後の「天武」）に己の支援を願う父に対して、その東宮が疾《やまい》として受けず出家すると頭を丸めるのを見て何を感じたであろうか。近江朝の首脳部が皇后を称制させ、大友皇子の摂政となる構想がどう展開するかを提起したが、唐の出方と同じくその先を見通せなかった。

優れた資質を嘱望されながら、その才能を生かせなかった「天智」は時の運に恵まれなかったという評はしばしば聞く。確かにそうだが、それは彼がなぜ「白村江」であれだけの犠牲を払ったにもかかわらず、なぜ惨めな敗戦で終わったかをしっかり自覚できたかどうかで決まることであり、彼の諸行動からはその反省は認められないのは遺憾なことであった。対する弟の大海人皇子にはいくらかはその自由が許される立場上の幸運があった。

百済の滅亡からさして年を経ぬまに、東夷の暴れ馬・高句麗も滅亡した。大国中国の諸皇帝の討伐計画の中でうまく対応して七〇〇年余を生き抜いたのは、朝鮮半島三国（倭を加えれば四国）のバランスを重視したことと、北方への逃げ口を常に確保しえたからであるが、そのどちらもなくなり、最後は北の渤海国に吸収された。残った新羅が唐の求める冊封政策を巧みに避けながら半島全体を九の州に編成したのは、『日本書紀』の編纂が終わったしばらく後だったが、倭や渤海との交流関係を維持して中国を牽制した政策のおかげで、唐も羈尾政策をあきらめざるを得なかった。これらはすべて重視せねばならない歴史の教えである。

第一一章　新東夷圏の形成と倭の模索

「天武紀」は上下に分けられているが、上の巻はいわゆる「壬申の乱」の始まりと結果に限定されており、天武治政の内容はもっぱら下の巻に書かれている。私の読み方で言えば下の巻の方に限ってもよさそうだが、上の巻のなかでも読み落とせない内容が含まれている。まずそれから読み始める。

「壬申の乱」での天武軍の勝利を考える

天智には跡を継ぐべき子に恵まれなかったので、多忙な政務を援けるべく、早くから弟の大海人皇子を皇太子として政務を扶助させてきた。しかし晩年になり大友皇子が生まれ成長してきてその役割が可能となると、次代を継がせたくなってくるのは人として当然とも言える。しかし長年の東宮生活を託されてきた大海人皇子としては、安易に引き下がれないのもまたやはり人の性《さが》であろう。この人の性のぶつかり合いが「壬申の乱」である。死の床で大友皇子を補助するように頼まれた大海人皇子は、己も体調の衰えを感じ仏門に入り安楽になりたいとその場で剃髪し吉野に隠遁した。石川蘇我の血を引く鸕野《うの》皇女もその子・草壁皇子も同道した。もちろん再起の機会を探るためである。

彼は長い東宮生活だったので、その生活を支える壬生の役目を負担する地が美濃西部の安蜂《あはち》間《ま》郡（現安八郡一帯）に広く存在した。その関係で古東山道沿いの美濃地方には天武支持者が多かった。それらのとくに信頼できる豪族の三人、（村国連男依《むらくにのむらじおより》、和邇部臣君手《わにべのおみきみて》・身毛君広《むげつのきみひろ》）と緊密に連絡を取り、近江朝の動向を監視させた。とりわけ身毛君広）は古くはヤマトタケルの兄が隠遁した土地に近く、前述の「帯・たらし」系の身毛一族が中西濃で強大な勢力を張っていた。そして近江朝が天智の御陵づくりの徭役を名目として、多数の兵員を尾張で集めていたことをいち早く吉野に伝えた。村国らは大海人皇子の命で安蜂間の実質支配者の湯沐令《ゆのうがし》（東宮養育担当の指揮役）を動かし、あわせて三千の兵を動員し不破の関を支配し、近江朝の東国徴集兵を阻止した。同時に「大海人」は少数の家族を含めて吉野から鈴鹿越で伊勢への移動に成功して、北伊勢で支持勢力と合流し不破関近くの野上を根拠にしえた。そして大和はもちろん、西国からの兵を中心とする近江側との間で、大和とその周辺の地を舞台にして二カ月にわたる激しい戦闘を繰り広げた。中でも「天武軍」が、近江朝の命で尾張国司に統率され近江に向かっていた尾張の兵二万を不破の関で押し留め、逆に大海人勢力下で行動させせえたことは戦局に決定的な影響を与えた。

天武元年六月に始まった両軍の最初の対決は圧倒的に優勢な近江の兵力と、野上の大海人本陣を目指して北上する「大友軍」を迎え撃つ「天武軍」の最初の大規模な戦いで、まずは息長

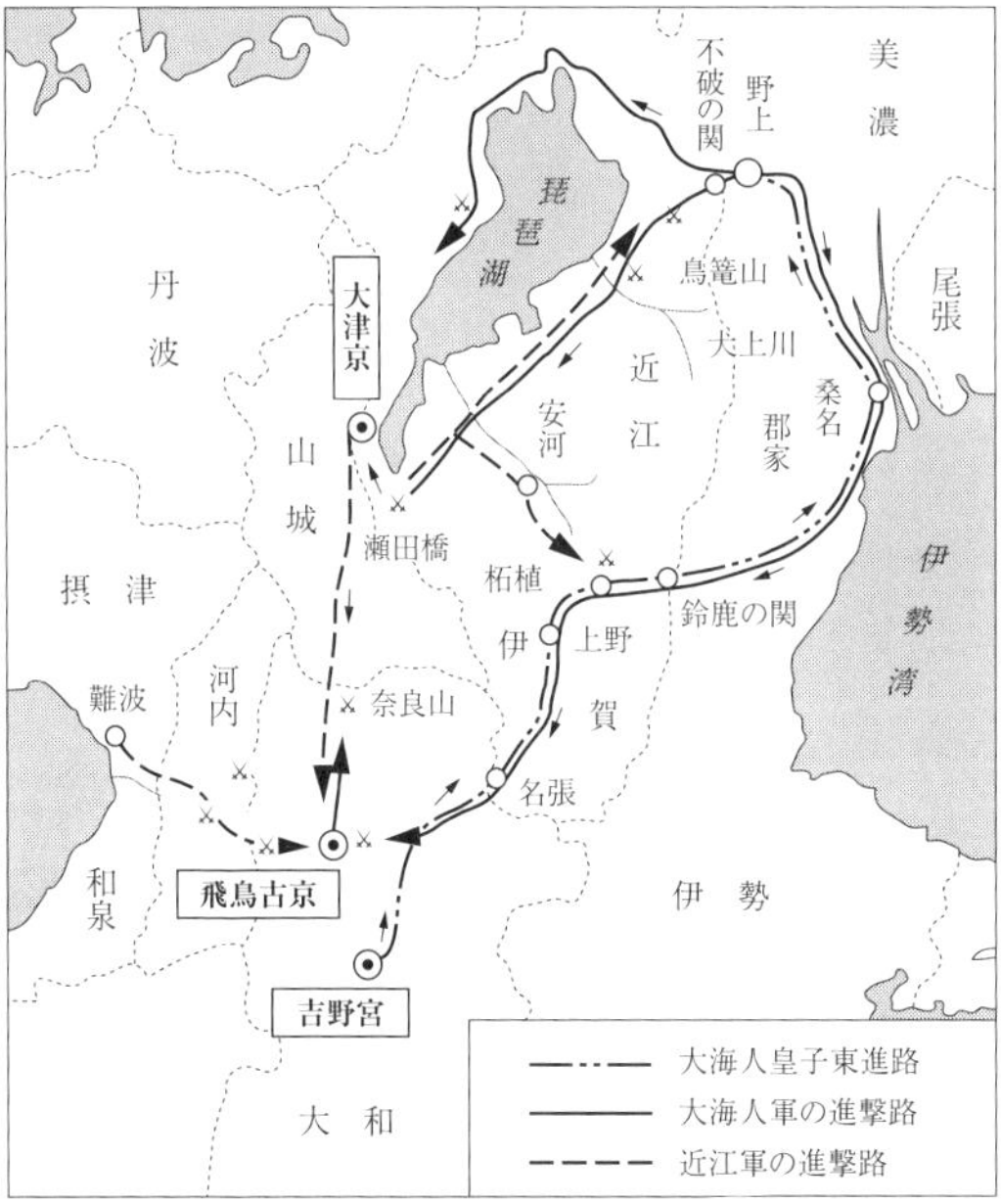

壬申の乱の動向（武光誠『古代史を知る事典』より）

壬申の乱の動向

地域の犬上川（『紀』では横川）で撃ち破り、さらに南下して野洲川（安川）でも大勝利した。後退する「大友軍」は瀬田川の西に陣を築き、大和・西国からのさらなる援軍を待った。しかし数十名の小規模ながら「天武」側で奮迅の行動を描写されている大伴吹負《ふけひ》らいくつもの小集団の活躍で思うように動けず、加えて西国での援軍要請も不調となり、体制の調整は進まなかった。この小規模ながら天武支持で行動した集団は、大伴吹負が軍令で言う如く、「其れ

兵を発す元の意は、百姓を殺さむには非ず。是元凶の為なり。故、妄りに殺すこと莫れ」が意味するように人々の暮らしを守るためだというわかりやすい規範があったためで、近江方の兵も同じ百姓だから逃げる兵をむやみに殺すなと下命して、民万人への配慮を強く意識していたように思う。まさに「州柔」である。河内の国司はそうした百姓らの思いを込めた集まりに同感して行動しようとしたが、近江の将軍に気づかれ自殺した悲劇もあった。それ以外にも天武軍を支援する動きはさらに各地にあったに違いない。蘇我支配時代以来の有力官僚を主とした大友軍には、それがまったく欠けていた。

淀川沿いの山崎付近まで逃げ隠れしてきた大友皇子は、そうした人々の目からは逃れられず、自死したと言われる。八月には近江方の重臣らの処分がなされ、九月には大和に帰還した大海人は翌年春正月、飛鳥浄御原宮で帝位につき、「天武」となり、皇女鵜野がその后となった。この二人による政権の時代は倭国ではなく、日本国が新たに出発する準備の時代である。

北方民族の活発化と倭国の北方政策

東夷で中国を悩ませ続けた高句麗は、百済が滅亡し方向を転じた唐との戦いで降伏し、その膝下で冊封を得て名目だけは残し、やがて新羅に吸収された。この高句麗の滅亡は指導権をめぐる内部抗争によるものと言われているが、もう一つ重要な理由があったと思う。それは、東夷圏情勢が唐の西方への拡大とトルコ系民族との競争のなかで進んだ北方騎馬民族の変化ではなかったかと思う。それまでは北狄として一まとめにされてきた彼らは、東洋と西洋をつなぐ交易の重要な担い手に変質し、自己もまた馬や動物の毛皮製品などの独自の商品を生産し、それを商う民族国家へと変貌し始めた。そしてウイグル、契丹などとして、最後には蒙古族として変身し、古い遊牧と騎馬で知られた北方種族を商業交易などに転換させ、また自らも馬や毛皮などを商品化して蓄積し、唐と対抗できる勢力へと変化させた。やがて唐に征服された高句麗人が北方に逃亡し、周辺の勢力を増した旧種族を統一して渤海国という新たな国家形成を成立させるまでになった。日本と渤海との直接の接触は一〇世紀以後であるが、それ以前にも北海道や東北北部などの民との交流は盛んに行われた。

そのことにいち早く気づいた「崇峻」は東山道の先の国境に使者を派遣して蝦夷の状況を調べさせている。まさに慧眼である。舒明九年（AD六三七）蝦夷が反乱し、その鎮圧に手間取る事件が起こり、上毛野臣《かみつけぬ》が治安に苦労した。が、そうした蝦夷の騒乱が頻繁に記述されているのは「斉明紀」である。斉明四年、越の国を預かる阿部臣が齶田《あぎた》（秋田）、渟代《ぬしろ》（能代）の柵を強化し、蝦夷を馴化させ、さらに津軽までもそれを広げた。彼らの首長は大和に朝献し叙勲された。加えて渡島の蝦夷も召饗されたとも書かれている。（もっともこの渡島は現在の北海道とは考えられない。日本海の小島であろう。）この蝦夷とともに「粛慎《みしはせ》」の文字も頻繁に出てくる。粛慎は蝦夷の一種という説もあるが、私は高句麗の北に広く居住している種族だと思う。その初見は一〇〇年以上も前の欽明五（AD五四四）年に佐渡に漂着し、かなりの期間その地に生在していた記録があるが、日本海での粛慎遭難民ではないか。中国東北部（旧満州北部）に散居した狩猟を主とする自給民であったが、高句麗や百済の衰退に伴い南下し、馬や熊の毛皮などと食料の交換をする暮し方の変化が始まっていたのだと思う。そのことは斉明六年三月の「斉明紀」にかなり具体的に商品の交換取引の状況として記述されている。最も古い交換形式で、どちらも姿は見せず、物だけを示しあい、双方が合意すればそれぞれが物を取って別れる交易である。この時は合意せず争いとなり、双方に怪我人を出して終わっている。交換と奪い合いは紙一重であり、もっとも初期の交換であろうか。しかし度重さなれば次第に宥和的に変化していくようだ。斉明四年の遣唐使に加わり、百済・新羅の対立問題への唐の対応状況を探ろうとした伊吉《いき》連博徳《はかとこ》らが、貢物として蝦夷人二人を皇帝に捧げた時の記録で、興味を示した皇帝の「蝦夷とは？」と問われた時の返事は「遠きは都加留《つかる》、次は麤《そ》蝦夷、近きを熟蝦夷《にえ》」と言ったと書かれているが、西の日本海側の蝦夷の特徴を言ったものであろう。先に紹介した物資交換の物別れでいくさになった相手は麤蝦夷だったようである。「ここにいるのは熟蝦夷」と説明して献じたと伝えている（『紀』では蝦夷を粛慎と区別せず、同類として表現している）。上毛野臣の強硬な弾圧がつくりだした倭人化で矯正いちじるしい蝦夷もつくられてきていたことがわかる。

一方、東の下毛野臣《しもつけぬ》が統治する蝦夷は、伝説ではヤマトタケル以来の接触や交流があり、支配者の統治も比較的宥和だったせいか、日高見国《ひたかみ》の名称で知られる北上川流域を住居地とする温和な原住民とされ、上野《こうづけ》、下野《しもつけ》からさらに関東地方に広く交流する人々と見られてきた。大和政権は陸奥の蝦夷対策として多賀城を築き、彼らを監視しつつ馴化する政策を採った。その多賀城の入口には「都へ千五百里、靺鞨《まっかつ》へ三千里」の石碑があったと言われる。靺鞨とは後の渤海国の中心地域である。このことはそれ以上確認する文献・史料はなかったが、興味ある地図とその説明を見つけたので紹介しておく。『The TIMES ATLAS OF WORLD HISTORY 3ed ed.』の一二四頁に掲載された唐の領域図で、本土以外に文化影響域が線引きで描かれ、日本の関東以西をそこに属させているが、東北地方はその外側である。細字の説明では、唐の北の域は中国とトルコの境界争い区域で、時に唐、時にトルコと変転しながら、やがて住民は独自のウイグル族にまとまり、東西交易で重要な役割を果たした。その最東部は契丹人と呼ばれ、巧みに中国文化を取り入れ、渤海国を創り出すが、その中心として靺鞨の文字も見える。京と並ぶ関係の深さが推定できる。それが事実とすれば、その地で暮らしていた騎馬民族の契丹族がまとまり、衰微する高句麗に代わって勢力を増し、やがて渤海の建国に至る地域であり、蝦夷の北方地域への関心の高さを見せていたことがわかる。北方社会は大きく動く時代に入っていた。

天武による北方政策の模索

倭国の官位・位階制度は外国との交流が進み始めた推古代から蘇我の手によって始まり、やがて近江令や飛鳥浄御原令へと引き継がれて整備が進み、それに従った政治執行が広く行われていく天智・天武の時代となると、『書紀』の記述は、私にとってはあまり興味が湧かない。それを精緻に読んで政治動向を考えるのは専門の史家の重要な課題となるが、素人にとってはそれ以外の独自の問題の提起や通常の思考から外れた行動に注意が向きがちとならざるをえないからで、目走りが過ぎていささか忸怩たる気分にもなる。しかしまた逆にそれを過大に取り上げる過ちにも注意し自制もしたい。そんな気分で『日本書紀』の最後に近い「天武紀下」「持統紀」を取り上げたい。「天武」による「帝紀」の検討は、蘇我蝦夷らが企図した歴史の改竄文献を辛うじて焼却・廃棄から免れさせ、「欽明」出現時に蘇我が隠密裏に企図した倭の国史づくりを暴いた。「天武」による帝紀の再検討によって、問題に直接に関わる「安閑」「宣化」とばしの訂正につながったが、それだけでなく『古事記』、ひいては『日本書紀』という貴重な文献を生みだす出発となったものとして顕著な「天武」の業績となった。最初に焼却されず残った書籍を献じられ眼にしたのは「天智」だろうが、困難な外交事件に忙殺されて、それを手掛けられなかったことには不運という言葉でしか評しえない。代わって幸運を得た「天武」への贈り物となったと言うべきか。「天智」は中国への警戒から唐との交渉を閉ざしがちあったが、「天武」は令の整備に伴い複雑でかつ明確な政治執行を進めるために、中国に倣った本格的な唐風に似せた都づくりを始めることで、対中国交渉への手始めとして藤原京の建設を手掛けるゆとりを持っていた。

もう一つ、天武の事績として光り輝くのは、大和橿原の北で本格的王都づくりだが、それと並んで、とりわけ北方政策を進めるための拠点としての信濃での副都づくりがある。天武十二年十二月段に「凡そ都城《みやこ》・宮室、一処に非ず。必ず両参造らむ」と書かれ、直後の翌年二月、都づくりのベテラン三野《みの》王らを信濃に派遣して、調査を行っている。三野王は壬申の乱で功績を挙げたが、とくに土地の特徴をつかむことで能力があったとされる。その三野《みの》王は北方政策の前進基地である副都として最良の地を安曇野南部に見出した。後に「持統」代にかけて都づくりが進められた土地は東山道に沿い、その道から越へ分岐する地点で、越の蝦夷を管理する日本海側と陸奥の蝦夷を統括する東山道の両地方へ目配りするのに適した筑摩《つかま》の地であった。三野王の優れた能力と見識の為しえたものである。

天武十四年九月、天皇の「体不予《みやまい》」が記述される混迷のなか、事業進展のために「壬申の乱」の際私馬で駆けつけ皇駕したと言われ、最も信頼をえた臣・高田首《おびと》らを派遣して行宮づくりが始まった。この事業進捗の速さに対して、「天武紀」は「蓋し、束間《つかま》（筑摩）の湯に幸《いでま》さむと擬《おも》ほすか」と記されほとんど無関心であった。天武の官員たちの心はすでに評判の高い大津皇子に集まり、天武を離れていたのかもしれない。北への遷都事業は次代に引き継がれる。それを担う

「持統」は数少ない支持者のうち最も頼れる夫「天武」の死によって、生涯で最大にピンチに立たされる。それを即決で跳ね返した決断力は並外れている。

第一二章　古代でもっとも輝いた女帝「持統」とアマテラス

天武天皇の皇后時代

「持統紀」の恒例の冒頭に置かれる人物評価は、『後漢書』にある評判の良い后について書かれた文意をそのまま写していると言われる。后となる前は「沈深有大度」、后となってからは「好礼節倹、有母儀之徳」（「落ち着きがあって重々しい」、「御心に欠けることがなく、母としての徳をもっている」）、「人として完璧で、しかもすばらしい母心をもっている」と絶賛されている。このスペースはほとんどの場合美辞麗句が並び、「持統」の評としてはいく分か度が過ぎている感なきにしも非ずである。真に「確かだ」と思えるのは「母としての徳」かもしれない。だが彼女の場合はその程度が尋常ではなかった。彼女は「天武」の子・草壁皇子を生んだが、その後は一人も子を生まなかった。これは姉の太田皇女が同じ天武の子・大津皇子を生み、その後も出産して、まだ若くして死亡した悲劇をくりかえさないための決心である。そしてその草壁が最上位の地位を獲得するまで、あらゆることをやり遂げる決心をした。「天武」が出家し吉野に籠った時は当然だが、大友皇子と争った壬申の乱のすべての場でも、迷うことなく危険な戦場近くにとどまり「天武」を援けて行動し、甥の大友に対して冷徹に振る舞って許すことなく処断に同意し、その首供養にも参加した。その彼女の一つ大きな気がかりは草壁皇子に対抗できる有力な皇太子候補が注目されていたことで、死亡した姉太田皇女の生んだ大津皇子の処遇である。母死亡もあってか、暫時近江の都にとどまったが、途中から離脱して「天武」側で行動した大津は、容姿・能力も抜群で、開放的な性格は人に好かれた。天武時代の朝廷でも「詩賦の興。大津より始まれり」と騒がれ、すべての点で凡庸な草壁を遥かに上回る人気をもっていた。

「天武」の后となった鸕野皇女（「持統」）は「初めより今に迄《いた》るに天皇を佐けまつりて天下を定めたまふ。…政事に及びて補ふ所多し」と書かれるように、「天武」の治政を積極的に援けた。人は「天武」の仕事の半分は彼女によるとさえ言っている。草壁の時代を確実に実現させねばならない母の愛がそうさせたというよりは、そうすることで草壁を今後の地位を造っていくのが母の使命と信じていたとさえ思える。「天武」は成人に達した草壁を皇太子に指名しただけでなく、吉野に主な皇子を呼び集め、后も含めてというよりは后の願いで皆を集めさせて、皇太子は草壁でありそのために協力することを重ねがさね確認させた。母なき大津は草壁を輔弼する自己の役割をしっかりと認識していたことは言うまでもない。天武の皇子の順位は兄弟皇子たちの地位の順位を示したものだが、生母の地位と年齢による序列があった。第一子の高市《たけち》皇子は生母の地位の低さのためか「続紀序列」では記載がなく、最下位であったが、壬申の乱では、伊賀の柘植で追いつきその後の戦闘で指揮を執った。やがて大津皇子も遅れたが近江を脱出して追いついた。その遅れが彼の大きな傷となったのかもしれない。

こうした明瞭な序列がありながらも、天武朝の中では大津の評判はきわめて高かった。それを自覚しえたとしても、否、しえたが故に后・鸕野の心労は大きかったに違いない。だからより積極的に「天武」の政治を援けたのかもしれない。その「天武」が朱鳥と元号が変わり、信濃遷都という積極政治を打ち出した時、体不調となり病床に就くに及んで、彼女の不安は一段と増さざるをえなかった。ただ一人の子草壁の将来が安定しているのは父が健康な時の約束の存在でこそあれ、病床を見舞う皇子らに対して密かにも心底にある大津優位のほんのわずかな気配でも感じさせれば、事態が一挙に転変する可能性があるという鸕野の心の負担であり、青年に達した大津に政務参加を許したことを悔やんだに違いない。そんななか、「天皇の病をトふに草薙剣に祟れり。即日尾張国の熱田社に送り置く」の記事が突如として現れる。確かに熱田神宮文書のなかに関係文書がある。奉持したのは時の中納言で、その重大さと即日という緊急さで異常な措置であり、皇后の強力な指示以外には考えられない。この記述に関係がありそうなほかの記事がある。「天智紀」の七年是歳条に「沙門道行、草薙剣を盗みて、新羅に逃げ行く。而して中路に風雨にあひて、荒迷ひて帰る」であり、どう考えても現実感が湧かない。とっさの緊急時の行動にここまで口裏合わせを考えるのは、『日本書紀』の史人か、あるいは編者なのかと深読みせねばならない思いも沸く。病床の「天武」の「天下の事、大小を問わず、悉に皇后、皇太子に啓《もう》せ」の勅令も出された。出したのは称制前の后であろう。これも通常ならば違法であり、異常である。

称制そして天皇時代

平癒を祈る大法要が連日行われるなか、「天武」の長運を願って元号が「朱鳥《あかみとり》」に変えられたが、その元年には二つの大事件が起こった。まずは先に触れた、六月、天皇の病を占ったところ、「草薙剣の祟り」との卦が出たとして、即日尾張熱田の宮に返納された。鵜野皇后が実質的に権力を得た直後である。かえって都での大津の評判の高さがわかる。天武亡き後の後継者の変更の儀式が滞ることを配慮したものだが、皇后の心労もそれほど大きかった。九月八日懸命の祈祷も無為となり、天武は崩御した。多忙な殯《もがり》の行事が連日行われるなか、皇后は思いもかけぬ行動に出た。九月十一日に殯の準備が終わり二十四日に初めての発哀が始まったと書かれたすぐ続きで、「大津皇子皇太子を謀反《かたぶ》けんとす」の文字が並ぶ。そしてまた発哭の文字が続く。それは二十七日のことで、膾宮の儀式が滞りなく進む一方で、「謀反」の事実調査も進められていたことを意味する。ここで巻は「持統紀」の巻三十に移り、臨朝称制で鸕野皇后が指揮して、十月二日には二つめの大事件（大津謀反）の確定が記述される。そのテンポの速さは異常としか言えない。即日、大津以下三〇人余が逮捕され、早くも三日には大津は自死を申し渡された。まさに即決の処断である。『書紀』の限りではその内容は皆目わからない。史家の他文献（とくに『懐風藻』）などを加えた検証では、大津とは莫逆の友と言われた川嶋皇子の密告で明るみに出た。それは「天武」の死後間もない日に、新羅沙門・同心が文学（懐風藻グループか）と語り合う会でトを披露し、同席の大津に「太子骨法、不是人臣之相。以之久在下位、恐不全身」と述べた。日頃から一座の話題の根底に暗に流れていた悪評の太子が、ついに皇位に就くかという機会だけに、軽弾みの余興で冷笑し合った一瞬だったかもしれない。大津がそれに悪乗りするはずはもちろんないだろうが、叱責もしなかったのではなかろうか。発覚後の数日、不穏な流れを感じ取った大津は、急遽伊勢斎宮の祭司である姉の大伯《おおく》皇女を尋ね、事情を話し暗に別れを告げた。その時の彼女の万葉集の歌が痛々しい。

我が背子を　大和へ遣ると　さ夜更けて　暁露に我が立ち濡れし

大津は称制・鸕野の命により、都の磐余池の近くの館で自死した。「妃皇女山辺、髪を被《くだくみだ》して、徒跣にして、奔り赴きて殉《ともにし》ぬ」。皆落涙したと『書紀』は書いている。日頃通い慣れた磐余池《いわれのいけ》を詠みこんだ大津の万葉歌が巻三の四一六にある。

ももづたふ　磐余の池に鳴く鴨を　今日のみ見てや　雲隠りなむ

また『懐風藻』には短命に終わる己を嘆く五言絶句の漢詩一首もある。

金烏臨西舎　鼓声催短命　泉路無賓主　此夕誰家向

（西に傾いた夕日が館を照らしている。冥途に向かう途中にはわれ一人で誰もいない。この夕べには誰が我が家に向かうだろうか）

漢詩の倭訳は私の拙いものだが、間違ってはいないと思う。母が若くして亡くなり、寂しい近江朝の日々、そして宴を楽しみ詩作に努めて、人生を楽しんだこの家の暮らしも長くはなかった。活躍の場があればもっと輝いた人生を想いながらの自死であったろう。

大津に連座し捕縛された三十名余の人々はほとんど許されたが、帳内（上級舎人）一人が伊豆に流された。トの主・沙門行心は謀反には加わったが罰するに忍びずとして飛騨の寺に移された。何故罰するに「不忍」なのかはわからない。大津以外の罰はきわめて軽かったことから、鸕野の大津排除の策略との見方も少なくない。翌月の半ば、大津の姉の大伯皇女は独断で斎宮を抜け出し、弟の遺骸を大和二上山の男岳の山頂近くに埋葬した。都を見下ろす山域への埋葬はもちろん許されてはいないが、天皇（鸕野）はそれについても何も対処しなかった。それほど都の政権関係者の非難の声は称制に対して重々しかったが、公然の非難とはならなかった。その重く激しい非難に鸕野は耐える気力があったのだろう。それを辛うじて支えたのは天武の最長の皇子である高市皇子だったと言われる。一方、弟を山上に葬った大伯は一人悲しく詠った歌が万葉集にある。一六五番歌である。

うつそみの　人にある我や　明日よりは
二上山を　弟背と我がみむ

一年余の長い殯宮の行事が終わり新たな政権が始まったかに思えた称制三年の夏四月に、皇太子草壁がみまかった。鸕野后・称制があれほど執着し、それを彼女人生の唯一の望みとしていた目的が突如として消えた。草壁皇子は温厚で、それだけに凡庸な性格の持ち主であった。そうした彼にとって、父天武の死去以降の日々は耐え難い強烈なストレスが続いた時間であったに違いない。その結果、強壮とは言えない心身をボロボロにしてしまったのであろう。『書紀』はわずか十六の文字以外に何の悔やみ言葉もなく、もちろん賛美もない（「乙未に皇太子草壁皇子尊薨りましぬ」である）。加えるべき言葉が見つからなかったとは思われない。それに続くすぐ後の文章は「瀛真人《オキノマヒト》（天武）天皇」の死に遅ればせに喪の弔いに参じた新羅の使節員の官位と数々の弔い物の紹介であり、うっかり草壁皇子の関連かと見誤りそうである。太子の死に関する鸕野称制の対応も動向に関わる記事も、これ以後はまったくない。それはこの『日本書紀』の最終巻の最後まで続く。そして記述は鸕野称制の即位に移る。

　称制四年の春正月の即位の状況が克明に記述される。『日本書紀』で唯一の即位礼の模様である。まず「なおい」の氏長が古来のしきたりで物部姓を名乗って大楯を立てる。大嶋姓の神祇長も中臣朝臣として天神寿詞を読み上げる。ついで忌部《いんべ》宿禰が神爾の剣、鏡を奉上する。剣の草薙剣は事前の忌部氏の神事を済ませた新たなものであろう。天位に坐した鸕野皇后を公卿・百寮が羅列して拝み、手拍する。拝礼は「元会儀《むつきのついたちのひのよそおい》の如し」で、その後の公卿らに内裏での宴が盛大に催される。下級者や庶民たちへの祝いの印も広く多様であった。秋七月、公卿百寮の朝服も決まり、太政大臣には高市皇子、右大臣には「宣化」の玄孫《やしゃご》・丹比嶋真人《たじひのしまのまひと》が座り、安定した政権づくりも終わった。そして八年冬、「天武」の構想で始まった大和盆地の中央部の藤原宮に移った。中国風を模した壮大なつくりである。奈良への遷都まで、「持統」、「文武」、「元明」の三代にわたる都となった。

「持統」の治政は「天武」と変わることはなかった。それは当然で、政策は二人共同でつくり上げたものと言ってもいいものだったからである。通読した感想で言えば、「天武」よりも「持統」の方がより緻密で丁寧という感じがする。大和の村里の広瀬、龍田の地元風習で行われてきた風神、水神の祭りは稲の収穫の豊富なことを祈る「村祭り」に過ぎなかったが、それを国家行事として毎期ごとに必ず行うことで、自分たちの暮らしに直結する喜びに繋げたのは先代の「天武」からであるが、それはまた「持統」のものでもあった。そうした配慮は民の暮らしと直結するもので、この両朝の優れた特徴だと思うが、「持統」の治政の目は「天武」のそれよりもさらに深いものがあったのではないか。例えば即位の儀礼が終わった時、「鰥寡《やもめ》・孤独・篤癃《あつれひと》・貧しくて自在《わたら》ふこと能はざるものに稲を賜ひて調役をゆるしたまふ」、あるいは島宮（故草壁皇子の宮）の田で収穫された稲を、京と畿内の八〇歳以上のものに人毎二〇束賜ったなどは他では見ない配慮である。後者は不幸にも早死にした皇太子のものであり、さらにいっそう「持統」の政治の心くばりが滲み出ている。「持統」五年大雨が続き、災害が発生しそうな時期、公卿百寮に対して酒を慎み心静かに過ごさせよという配慮までしている。大津即断の非難はそうしたなかで消えていったように思える。

新羅との外交は従前通り続いたが変化もある。「天武」の喪の告知の受領者とその弔い人の官位が前例より低いということで、朝廷は来た使いを入京させず九州に止めおき、捧げられた調賦を押し返した。法《のり》に適うものは受け取るので再考を要求したが、新羅の態度は不変で、ほぼ一カ月後に筑紫の大宰府で受領し終わった。この時新羅は使者の位は従来通りで法に従ったものだとして対応を変えなかった。この従前とは違う強硬な新羅の対応は、従来ならば担当役人が受け入れられなかったであろうが、この際は「天朝、復広く慈《めぐ》みたまはくのみ」で受領するとして受け入れた。そして同様な関係での交際はその後も続いたことを一歩下がったとみるのか、今後の継続に俟《ま》つのかで別れる。外交に広い配慮は当然のこと必要であるが、この場合はどうであろうか。天朝直々の判断だったかどうかの記述はないが、それ以外にはありえない。

もっとも重要な隣国中国・唐との交流は、舒明時代に始まり、斉明代には第四次遣唐使が送られたが、当時の唐は新羅と組んで百済政略を先行させていたので、政治的にはほとんど成果の薄い形式的なものに終わっていた。その象徴が先述した第三次後の高表仁事件であり、急ぎ派遣した第四次もほとんど無為に終わっている。そうした政治的意味をもつ交流とは別に、高まる仏法研鑽の要求に基づく個人的な交流は頻繁で、その間の学僧らの体験をもとにして時代に合わせた倭国の実情を自認し、倭国ではなく新たな日本国としての扱いを模索したのが「天武・持統」期の仏僧派遣であった。国内では中国風をまねた本格的な都・藤原京の建設が進み、また急速な律令制の整備も同じ目標を持っていた。入唐の学僧らが日本国の大きさを説明すれば「倭人はほら吹きだ」としか受け取られなかった唐が変わるには次の大宝期を待たねばならなかった。『古事記』を超える「日本国」の歴史の編纂に向けての動きはおそらく「持統」代であり、まずは漢文の素養の育成に力が注がれ始めたことは、『書紀』編纂にも参加した続守言や薩弘恪が音博士として一度ならず特別に褒賞されていることから推定できる。

そしてそれを本格的に事業として始めるのには単に知識としての習得に止まらず、世界観の変革を含む文化理解という根底づくりが必要なのである。仏教習得で頻繁に訪れるようになった彼の国で、相手を理解させることの困難さを、われわれ現代人が実感するのは、『旧唐書』の「日本、古くは小国なれども、倭国の地を合わせたり」という意味不明の表現を見るだけでも十分に想像できる。『古事記』を大きく上回る国史づくりを構想し始めたのは、「持統代」であろうし、そのためかと言われている十八氏の墓記を提出させたものの、具体的な方針はまだ何もなかったと思う。『旧唐書』の言う「倭国自らその名の雅やかならざるを悪《にく》み」の状況の克服は『新唐書』が読まれるようになる百年もあ

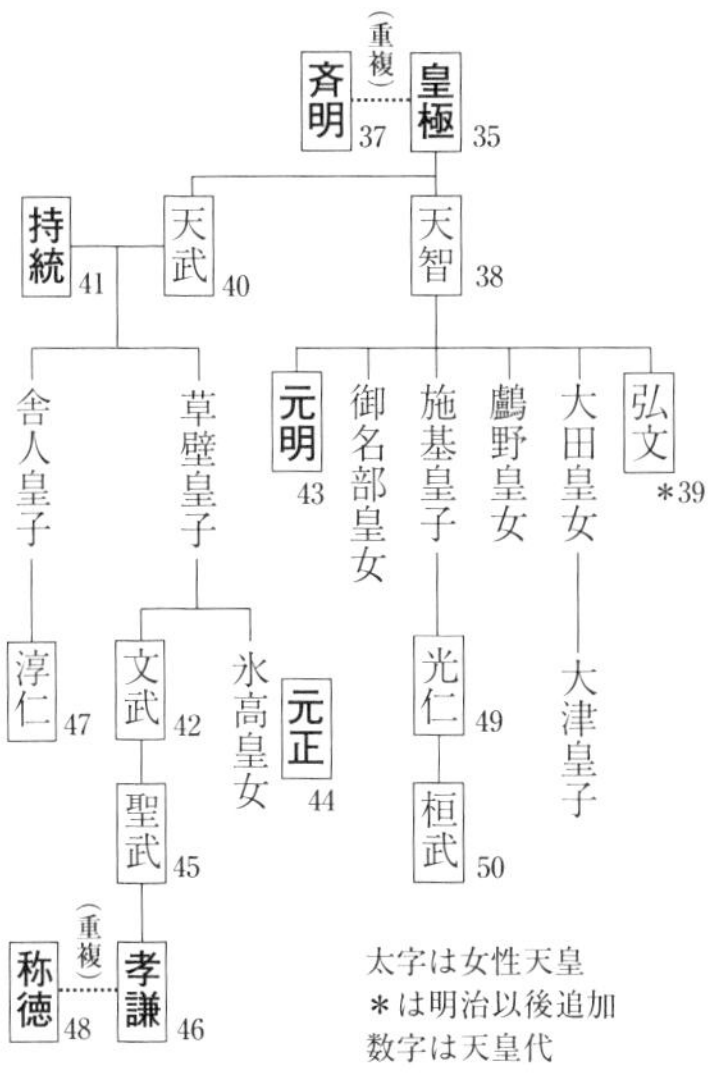

持統天皇系の形成

とのことである。そこには倭ではなく、日本という国名が使われていた。

もう一つ、「天武」が着手した事業で、「持統」が受け継いだ重要政策として信濃副都がある。日本の北方政策づくりの中枢となる副都造成のための準備事業の継続であった。「天武」の事業開始時期はいくらか遅きに失して本格的着工寸前の死亡で終わり、その重要性を知悉していた「持統」も必要を痛感しながらそのゆとりなく、次代の課題とせざるをえなかったが、重要な布石だけは忘れなかった。それに対する尾張氏の積極的協力の約束を取りつけたことである。それについては拙著『天武の夢　はるか』が詳しい。

太上皇時代の「持統」そして「アマテラス」への祀り上げ

天位を他者に譲与しても政策首導の権限を離すことなくむしろ現職をリードする人物は後に上皇と呼ばれたが、まだ律令制が完成される前ではその傾向がさらに顕わな時代には太上（あるいは大行）天皇と呼ばれた。まだ年若い故皇太子草壁の子・軽皇子の指導役として東宮大傅《みこのみやのおおかしづき》、春宮《みこの》大夫《みやのつかさのかみ》が持統十一年に任じられ、その直後、薬師寺仏の開眼の儀式が終わるとともに譲位がなされ「文武」が即位すると、持統時代は終わるが、実際はさらに生命の絶えるまでの二年間は紀伊での天皇修業や、生涯最長の日数をかぞえる参河旅行で、三河、尾張を巡行し、とりわけ大事業としてやり残した東山道の最難所であった美濃・信濃の峠越事業への協力依頼を成功させ、次世代を援ける大課題を成し遂げた。そのことはすでに拙著「天武の夢　はるか』風媒社刊）で詳細に触れたので参照されたい。とくに印象的な一つだけを言えば、その東山道美濃・信濃峠の本格工事が始まったのは「持統」薨去の十二日前であった。その工事の始まりを耳にして西国の彼方へ旅立ったのではないか。「持統の努力」がなければ、難工事の事業はなかったかもしれない。

彼女の尊名はなぜか二つある、一つは「オオヤマトネコヒロノヒメ」で大和諸豪族の共同体時代、闕史八代と呼ばれるこの時代を代表する幾人かがオオヤマトと呼ばれたが、まさに大和盆地の広野の主といった意味が感じられて、世人が「持統」に捧げた尊名としては「さもありなん」と納得できる。しかし太上天皇として、孫の「天皇学」を指導せざるをえない彼女の最後の十年の苦労はそれを遥かに超えていた。それを近親者から見て自然に出てきたもう一つの尊名が「タカマノハラヒロノヒメ」で、それを『日本書紀』に採用させたのは、あくまでも私の推測に過ぎないが、編者の淨広弐・舎人皇子ではなかろうか。今上―太上時代を通じて彼女がなし遂げた事績の偉大さをアマテラスに比定したかったに違いない。

第一三章　書き残されてきたことと短い結論

「神功皇后紀」が独立して巻九として置かれたことを巡って──再論

中国史書で、初めて「日本」の名で我が国を取り上げたのは『新唐書』であることはすぐ前に述べた。『旧唐書』でも、日本という言葉が出てくるが、「日本、旧くは小国なれども倭国の地を併せたり」と書くなど、倭国の改名問題はまだあやふやだった。百年以上も後の『新唐書』が「日本は古の倭の奴《な》（名）なり」と正確に紹介している。そして歴代天皇の天皇紹介でも『日本書紀』をしっかり読みこなしていることがよくわかる。また『日本書紀』に記載はないが、天智天皇が唐の高句麗滅亡を賀す使いを送ったことまで付していることには驚嘆する。それは『日本書紀』にはない。そして前記したが、とくに「持統」の孫・「文武」の送った遣唐使・粟田真人の優れた学識と態度への賞賛もある。これらは、おそらく『日本書紀』から得た知識によるものであり、中国の模倣とはいえ、否、模倣の故の国書を創り出すことができる能力をもった国であるとして高い評価がなされていることである。その評価の一つは『日本書紀』が漢文で書かれていて、中国の学者にすぐになじめること、そしてもう一つは、そこに記された三世紀半ば以来の人の行き来が記述され、友好の歴史が長かったことであろう。『日本書紀』巻九「神功皇后紀」の中の倭の女王ヒメコが魏に遣使し、詔書印綬を得たということが記述されていることは彼らにとっては見過ごせない事蹟である。とすれば、問題ありとしてもこれを神功皇后の新羅侵攻という事実に反する記述などのゆえにこの巻を失くしてしまうことはできない。前に漏らした「なくてもいい」という私の感想は新たな意味が発見されるまではとりあえず撤回せざるをえない。

神功皇后を案出したのは『古事記』の中味の検討を主導した「天武」であるが、新羅批判は「仲哀記」にとどめ、その内容もかなり穏当なものであった。『日本書紀』とあわせ考えると両者の違いは、前書が記述範囲を「推古」までとしているのに対して、後者は「持統」までを扱っているので、「斉明」「天智」が責を負うべき「白村江事件」の有無がそうさせたという私の推理判断を補強する重要な根拠の一つとなる。神功皇后が扱う「反新羅」は想像を絶するすごいものだったと解釈する以外にはない。

「神功紀」が編年体の枠を超えてまでして中国との関係を記述し、かの国から評価されて大きな意味を持ったわけだが、その前に摂政時代の「前記」の記述があり、その大部分を占める「新羅征伐」は架空のものだと先の章で否定した。新羅との戦が二重に記述されているという事情も述べた。しかしなぜそのような構想になったかとその答えを述べねばならない。もともと『日本書紀』では、折に触れ新羅批判が各所に書かれて全体を流れる特徴となっているが、「神功紀」のそれは『古事記』も含め、すべての場合を遥かに超えて特別に激しい怒りをぶつけている。私はその理由を白村江の戦いだと判断したい。すでに触れたように、それは新羅が中国・唐と組んで百済・倭連合を壊滅させた戦いである。その大敗北への恨みの深さの故であろうか。膝下にあるべき新羅が大国唐を動かし大勝利を挙げ、倭を辱めた怒りを込めたものとして「新羅征伐」の「大勝利!?」を誇ったものではないかと思う。『古事記』では記述対象が「推古」までで、それをぶつけるチャンスはなかった。「架空の姫の行動ならば」という無責任さも加わったかも知れない。

その架空の姫の神功皇后のモデルは誰であろうかと問われれば大和政権下で最大の豪族であった葛城一族の姫ではないかと推理する。その姫が産んだとされて応神の出自を隠蔽する役割も果たしている。第九の巻の記述は異常な形で神功皇后が死ぬまで母として「応神」を援ける摂政を続けており、「応神」を治政の前面に出さなかった。そのことで「応神」を純倭人としており、ホムチワケの係累であることを徹頭徹尾に隠蔽する役割を果たした。垂仁時代の狭穂《さほ》彦の類の混乱を避けたことが異常な摂政継続の理由だったのだと思う。かくして、異民族系だという侮蔑の現出を抑え込んだわけである。この対策が必要なほどに、そうした発現の危険があると思われたのであろう。そこまで言わなくとも、純大和民族の人物としたかったに違いない。直前の崇神、垂仁時代を振り返ればなかったとはいえまい。大国に諂い、多民族を軽視するような風潮は古今を問わずあってはならないことであることは言うまでもない。

異常な形式と内容で書かれた巻第九は「歴史叙述」ではなくある種「後ろ向きの遅れた歴史観」の表明であると言えばすっきりするかもしれない。以下で若干敷衍したい。

編年書式の枠を無視して、とくにもっとも依拠すべき中国（唐）と長い友好国百済の持つ特別の意味と役割を主張して据えたこの第九巻は、『日本書紀』全体を理解するために必要な鍵かも知れない。神功皇后摂政年から死亡の六十九年の記述はおよそ常軌を逸している。この間に、ヒメコの魏王遣使、詔書印綬の拝領から、はるか後年の百済王の死去、次代王の即位などが並び、百済を滅ぼした新羅への激しい叱責記事として纏めればそれぞれの年次は正確で、著述の意図もおぼろげに浮かんでくる。歴史家はさまざまな歴読みの調整を試みているが、それでも成功しているとは言えない難問は無意味な努力に留まった故ではないか。そこに書かれているのは、倭が古い時代から中国と交流してきたこと、朝鮮半島ではとりわけ百済と友好であったこと、そして倭国は優れた歴史を書き残す高い能力をもっていること、しかもそれを漢文で残す力も併せ持っている証しでもある。それが漢文で書かれれば、中国からの歴史的存在を深く認識されることにもなる。不幸にして滅亡した百済には優れた歴史があることも示している。歴史事象の個々の事実ではなく、歴史事象の格の高さを誇ったことと理解しておこう。それこそが『日本書紀』の価値なのである。その真価は中国での評価であり、盟友への手向けでもある。その目的は一〇〇年を経て、『新唐書』が中国で理解されたことになる。

巻第九の前半は摂政前紀で、そこの主題意図は「応神」の出自隠しであるが、後半の摂政紀でまとめた優れた倭国の国力を発揮しえたのは外部から招聘した人物(「垂仁」)の系譜の人物であることを隠す意図も感じられる。それを併せ事績を成し遂げたのが外来時期の短い人物の事績であることを隠したかったからに違いない。そこで描いた新羅征伐の筆跡はその意図なくしてはあり得ない内容であることも、きわめて説得的に納得できる。こう考えてくると、巻第九は不必要ではないかと漏らした前言はまさに真逆であった。巻第九は『日本書紀』の全般を総括する根幹であった。

最後にさして重要とは思わないがもう一つ神功皇后に関わるテーマが残されている。天武天皇が「なぜ神功皇后の尊名をオキナガタラシヒメ」と命名したのかという問題である。『記紀』はどちらも息長宿禰の娘だからと言っているが、前述のような説明困難な問題がいくつもある。「神憑りしやすい高貴な姫」を仮に名づけるとすれば、より疑点のない名前はいくつもあるが、なぜ近江東北部の小規模な地方豪族にこだわるのかは検討の余地がある。そうしたい理由があったに違いないと思える理由がいくつも頭に浮かぶのでここで紹介したい。そのために彼の体験からいくつかを指摘しておきたい。

①タラシの名称は古く二〇〇年以上も前のナカツタラシヒコ（「仲哀」）以来絶えてなかったが、久しぶりに復活した「皇極」のアメトヨタカライカシヒタラシヒメは天武の生母であること、そして重祚した彼女の「斉明」代に「白村江」の屈辱があった。

②「斉明」の曽祖父「敏達」は皇太子時代に、高句麗難破船調査のために数カ月間、東近江の息長真手王の館に逗留したが、その際に知り合った王の女・広媛を娶り皇子をもうけて押坂彦人大兄皇子と呼ばれ、別名タラシ皇子とも呼ばれた。その子田村皇子は後の「舒明」としてオキナガタラシヒヒロヌカを尊名とした。

③「天武」は「壬申の乱」で兄「天智」の子を首領とする大友皇子軍と近江・美濃境を中心に最初で最大の戦闘を展開したが、それは東近江の息長の地であった。相手の大軍に比べて味方は少数で展望を持てなかった「天武」（当時の大海人皇子）は、**【それ近江朝には、左右大臣、および智《かしこ》謀群臣、共に議を定む。今朕、ともに事を計る者なし。唯幼少き孺子《こども》あるのみなり。奈之何かせむ】**と嘆いた。しかし息長の地を流れる犬上川で大勝利した。「天武」にとってはこの息長の地こそが、乱のなかでもっとも強い印象に残った場所だったに違いない。

それらすべてが天武の心のなかで響きあって浮かんだのが、オキナガタラシヒメであったと想像する。その架空の新羅懲罰者・神功皇后の名前を、後に『古事記』にまとまっていく記録として稗田阿礼に暗誦させた。当然『日本書紀』も「史実」として受け継いだ。

短い結論

現在、そして未来の鏡として『日本書紀』を読んできて、いくつものところでそれぞれの教訓を書いたので、ここではそれらを短い結論としてまとめる形で読了の感想を述べて本書を閉じたい。

すべての人がより良い暮らしができる社会を実現したいということに反対する人は古今ともにいないだろう。しかし多様な能力をもった人々が、自分にふさわしく多様に満足して生きていくことなどはおそらく実現できない。せめて、みんなが喜んで精一杯生きられる社会は何とか実現したいものである。そんな時代がかつてあっただろうかと遠い過去にさかのぼって歴史を尋ねた結果、『日本書紀』の範囲で言えば、私見では「応神・仁徳」の時代がそれではないかと思う。主食の稲栽培のより良い技術環境が広がって、河川灌漑の範囲が広がり、大規模な溜池がつくられて、飛躍的に安定した収穫が可能となった。九州の中・北部に始まり、日本海側を東へ進み、越（現福井県）まで来て、そして自然の条件の厳しい以東・北の壁は越えられなかったが、南下して美濃・尾張を瞬く間に席巻した。小規模ながら溜池を築き、懸命に努力して稲作の向上に努めて早くからの開発の進んだ先進地であり、大王を生みだした大和においてより大規模な池づくりが定着し、政治の核心が固まり社会の安定が高まると、より急速に西日本一帯に普及した。同じ開発は朝鮮半島の南部・東部も同様、否、むしろより先進の地でさえあったかもしれない。『日本書紀』とほぼ同時にまとめられた『古事記』はこの時代の世の喜びを、越の地の気比にある食の神・「イザサワケ大神」がまだ幼い応神に「吾が名を御子の名に易《か》へまく欲し」と願ったことで定着した改名を祝う場で、収穫したコメを醸《か》んで作った酒を飲み、歌い、舞った人々の楽しさを描写している。そうした民を見て、「応神」は喜んで歌を詠ったと『日本書紀』は誇らしげに書いている。その歌は

葛野をみれば　百千足る　家庭《やにわ》も見ゆ　国の秀《ほ》も見ゆ

である。

その時代に海の向こうの韓土では、南部の小国分立の地・任那への膨張を図る新羅の脅威の保護の要請を受け、倭系百済人（旧クマソ）を含む倭軍が救援に向かい、新羅と対抗する百済軍との連合で進出を止めた戦があった。任那は土地の開発に必要な鉄の重要な供給地で、倭はその確保を主とする権益の拡大もできた。加えて、戦に参加した倭系百済人のなかで、任那の現地に残り、より良い生活づくりに有利な機会を得たものも少なくなかった。倭・百済・任那の連合で、

安定した時代がつくられた。人々の暮らしの安定・向上を望む強い意志が根底にあったであろう。その後もそれを維持しようとする人々の意思は絶えることなく、それを破壊しようとする試みには断固として抵抗した。味方と思われた勢力が自己利益を優先した政策を進めれば、きっぱりと対抗した。「継体」と任那の数々の相克がそれである。多分に自己利益を優先した継体政権はその利己的な道を選び、混乱をつくったが、そのなかでともかく多様で地道な努力でなんとか事態の悪化を防いだのは蘇我の努力であったかもしれない。しかしそれに批判的な蘇我一派もあり、「乙巳の変」で流れが変わった。韓土の百済、新羅、高句麗三国の対抗は止まず、新羅が超大国の中国（唐）と結べばやむなく百済は倭に頼り、反中国の高句麗は北方勢力のまとまりから失速して倭・百済に靡いた。倭の指導者は百済の提供した任那での好条件に乗せられて、反唐・新羅の盟主に祭り上げられ、結局は「白村江の悲劇」に突入し、当然のごとく大敗北を喫した。

本来そこで為すべきであった倭の道は、困難であっても関係五カ国のそれぞれの主張を調整しながら、ともかくバランスの取れた関係の維持に努めるべきであった。そうした方向は取られず、あるいは意図はあったとしても機を逸して成功せず、それぞれに大きな損失を招いた。倭国ではその後しばらくは、中国の侵攻を恐れて、必要以上の防御に固執し民を苦しめた。その蛸壺から抜け出したのは、「壬申の乱」後の「天武・持統」のもとで「倭」から「日本」として変貌を目指し東夷圏のなかで地位を確立しようとするなかで行われた地道な努力であったが、そこでとりわけ仏教文化の果たした役割は大きかった。そうした時代へと導いた基盤として民の支持と役割が重要であるが、当時はその模索はあっても弱かったが、国を挙げての力を集中して世界的にも知られる天平の仏教文化を創り出した。

最後に、「持統」の尊名は、生前には「オオヤマトネコアマノヒロノヒメ」と呼ばれ、大和にしっかりと根を張った人物像が浮かんでくるが、死後は「タカマノハラヒロノヒメ」に変わった。私は前者の方がより適切だと思うが、何故そうなったかはその後の政治社会の動向が決めたことであろう。その政治が始まろうとした時点で『日本書紀』時代は終わる。

これらすべてを歴史の鏡として現在と未来のありようを模索し、将来の人々の安全と充足のありようの誤りなきを願うばかりである。

歴史で民が主導し社会を導いていくことに成功しうるようになるのは遥かに後のことに属するが、古代の歴史事実の中に、その兆しがまったくなかったわけではない。その兆しを求め探しつつ『古事記』や『日本書紀』を読み、解釈してきた。私自身いくらかはその影を鏡の中で見て、今にそれを生かす生き様を改めて得たこともある想いである。読者の皆さんはどうであろうか。そして同時に長い生涯で馴染んできた『記紀』から新たな楽しみも充分に得た。楽しみつつ、またそのなかに生き様を学ぼうとされる読者の幸せの多いことを願いつつ筆（ならぬパソコンをたたく指）を措きたい。

おわりにあたって　―私と『日本書紀』―

おわりにあたり、少々の自己紹介を兼ねて、社会科学を実践的にとらえることを目指して学究活動を続けてきた私が、なぜ古代の『日本書紀』などというテーマを掲げて、崩壊寸前の脳活動を刺激しつつ無理に働かせて、何とか終わりにまでたどり着いたかを語らせてほしい。読者の本書理解が幾分でも深められれば…との想いである。

父母が幼い私に「なんで坊主」という綽名をつけたのは、人一倍知識習得欲があって、見るもの聞くことに、「なんで?」「どうして?」を連発して困らせたからである。その「なんで攻撃」を逸らそうと、かるたの「小倉百人一首」を買ってくれたのは確か五歳頃だったと思う。それに熱中して、半年もしないうちに全部の札を諳んじ、父母や隣近所の大人に混じって競った札取ゲームもたいていは勝つほどの上達ぶりだった。記憶能力だけはよかったようだ。それ以外の遊びはからっけしダメで、独楽回しも将棋もほとんど勝ったことがなく、それで悔しいという想いも沸かなかった。蜻蛉釣りも蝉取りも下手で、遊びの時が過ごせればそれでよしとしていた気がする。とにかく　どんな本でも大好きで、なんでもすぐ飛びついた。

西濃の片田舎で農家次男だった祖父が始めた小さな材木加工業が時代にうまく合って、近隣の商家などを相手にするやや高級な建材を扱うことで、村では成功者として扱われたようで、父も子供の頃からの自家の小製材加工所の体験で、祖父に負けない木材についての知能と技能を身に付けたようである。高等小学校過程を終え、さらに兵役も済ませた時は特例の「特務上等兵」と下士官並みで終える親譲りの器用人であった。第一次世界大戦の終わる頃に訪れた好景気に乗って、越美の山を歩き回り、銘木となる素材を見つけてうまく加工し、大垣あたりの金持ちに売りつける商売は順調だったが、それに溺れて遊蕩も進んだようで、やがて訪れた農村不況でそれらを失った。遊興も度が過ぎて借財の返還も難しく、結局破産して家・屋敷を弟に譲り、単身名古屋へ逃避したのは大正末期だと聞いた。当時の名古屋は新たな工業化の波に乗って都市化が進み、「農村逃避者」でも容易に職を得る住みやすい町であった。さらに幸いだったのは、名古屋が木曽ヒノキの製材・加工という、他ではみられない特別の働き場があり、農村のあぶれ者でも、その技術さえあればそれなりに食べられる大都市であった。中規模の木曽官材も扱う製材所で職を得た父は、やっと田舎に残されていた妻と息子を引き寄せた。たった一人の兄は小学校三年生の時、急性日射病で死んだ。私がまだ三、四歳のころの話であり、彼のことは何も知らない。

そういう私の一家が住んだのは、旧名称の精進川と呼ばれた都市の下水処理の残水を流す新堀川の開削と、その土で鶴舞公園を造成し、その残土でつくった低級の新住宅地で、低湿・狭小の粗末な借家が立ち並び、地方の農村部から職を求めて集まる新住民で埋められていった。新堀川の旧名・精進川はかつて名古屋東部丘陵地からの湧水を源流とした清流で、下流にある熱田神宮に参詣する人々が、精進潔斎して身を浄めたことに由来すると聞いていた。我が家からは幾分離れていてはいたが、近くには朝鮮半島から強制移住させられた人々が集団的に住む住区もあり、そこを溢れて我が家の周辺にもそうした人たちが多数住んでいた。昭和のごく初期にその区域に新設された高辻小学校は、周りでは「朝鮮人学校」などという蔑名さえあった。

そんな地区でも、恐らく旧地主であったと思われる豪邸構えの広い庭をもつ屋敷もちらほらあった。そうした一軒の豪邸主と父は知己となり、そこで時間を過ごすことがしばしばだったようだ。田舎での遊び癖もある父とは、共通の趣味の盆栽づくりや茶の湯を豪邸主と楽しんでいたようである。贅沢な木製品などを頼まれたのがその付き合いのきっかけだったのではないか。その父が我が家の夕食で、酩酊状態の中でのクダ話として、「昔々朝鮮の新羅という国の坊主が、〈熱田さん〉に大事にしまってあった日本の宝の剣を盗み出して逃げた。大雨で道がわからなくなって捕まった。そんな悪い奴に天罰が下ったんだ。そのことを書いた古い本があるそうだ。お前も大きくなったら読めるぞ」という話を聞いて、それはどんな本かいろいろ想像し、なかなか寝つけなかった。「天智七年是歳条」にある「沙門同行、草薙剣を盗みて、新羅に逃げて向く。

而して中路に風雨にあひて荒迷ひて帰る」を豪邸の旦那で氏子総代を長く務める主人から聞きかじったもので、夕餉の酒酔い時の趣向話だが、聞かされた私は真剣で、床の中でいろいろ想像してなかなか眠れなかった。学校で先生に「どんな本か」と聞いたが、「知らない」の一言だった。一・二年担任の先生だから知らないんだと思った。もっと大きくなったら自分で調べてみようとした微かな記憶があるが、それはいつの間にか消えた。

父が元気で仕事ができた時分には質素ながら暮らしに困ることはなかったが、小三の時、父が結核を発病してまともに働けなくなってからは、母がさまざまな内職で何とか家計を賄ったようだった。それでも父は製材技術の極意を体験上学んだ知識として、ほかの働き手に教える指導役として週半ば程度顔を出すことでそれなりに所得があり、なんとか切り詰めた暮らしは続けられた。「結核の薬はゆっくり遊ぶこと」とばかり、魚釣り、万年青《おもと》・盆栽づくり、中等野球の見物と、のんびりした時が過ごせたようだった。こうした結構楽しみながらの暮らしのお蔭で、私はじめ年下の兄弟は不便のない小学生活は続けられる程度の暮らしは維持できた。

小学六年になり卒業後を考える時期となった。名古屋に暮らす母の弟も加えての相談で、一番羽振りの良い叔父が勤める大同製鋼の付属校の大同工業学校に入り、将来はその関係の仕事に就くと決め、担任にも報告した。が担任教師は父と話し合ったうえで、小学卒でも受験でき、学費のいらない「陸軍幼年学校」を目指して、苦しい家計ながら中学に入学とすることに変わった。

その入学試験が終わって、受験中の世話役の先生（入学後に歴史担当だと知った）から一週間後の合否発表までの心づかいを話してくれたが、その内容は「本校は通称〈愛知五中〉だが、正式には熱田中学である。そして日本の建国に大きな働きをなした「ヤマトタケル」を神として祀る社の名を負って文武に励む中学校である。合格決定まではたった一週間だが、それにふさわしい人となる心構えの準備をしなさい」であった。私はその翌日の午後、近くの鶴舞図書館へ行って、初めて大人が入れる二階の閲覧室でヤマトタケルについて書いた本を出してもらい、『記紀』ではなかったが夢中になって読んだ。あんなに心が入った時間はこれまでなかったと今でも思いだす。気がつくともう夕方で入日直前だった。三時間以上は経っていた。窓から見た夕景の公園は、いつもとは違うほんのりと私を包んでくれる暖かなものだったことが今も浮かんでくる。そのおかげか中学には入学できたが、一年生で受けた幼年学校は体格検査乙種合格で、張りつめていた気分は消えてしまい、最後は不合格に終わった。幼少時から引きずっていた「虚弱体質」の性で、次第に克服してきたがまだまだだったに違いない。不潔が原因とされる疑似眼病も原因だったかもしれない。

しかしその前年、名古屋は空母から発進した米軍艦載機による空襲を受け、学校からさほど離れていない精進川対岸の軍需工場が被害を受ける事態となった。それから世間は大都市の住民疎開が取りざたされるようになり、隣家はいち早く岐阜の最東部の付知町へ移り、私の家でもその隣家の「木曽官材檜関連の職」という餌につられて、付知に移転するという父の意向だったが、結局は親類縁者の多い父母の生まれ故郷の西濃の農村に疎開した。一九四一年三月だった。私は慣れない農業を手伝いつつ大垣の中学に電車通学した。

初めてやる野良仕事はきつかったし、息子を兵隊にとられ、耕作できなくなった農地を借りる又小作という悪条件もあって暮らしは厳しかったが、樹木・盆栽好きで身に付けた植物の育ち方を知っている父は、農業指導員の指導に援けられて初めから収穫は上々だった。そのおかげか、食糧難という文字からは解放された。大垣は関西にも近く、京都大学の研究生の臨時の就職先ともなったようで、新進の若い学究者が何人かいて、興味を刺激する話が聴けた。歴史担当の先生もその類で、「近くの不破の関は兄弟で次期の天皇を決める決戦があった」など、生徒の気を引くことがらを時として語ってくれた。私は「ヤマトタケル」の大のファンだと、放課時間に話す機会があり、『日本書紀』という本には「不破の関」の争いでヤマトタケルが負けて、還る途中伊勢・美濃境で死んだといった話を戦中の当時としては内々話として聞かせてくれた。それで私は一挙に歴史好きになった。友人と不破の関近くを歩き回ったりもした。

中三で軍需工場通いの半年後、大垣空襲があり、工場も全壊で学校も焼失し社会混乱の中で、学業どころではなくなってしまい、中学卒業後も父の病気再発のために農業から手が離せないのでまともな就職もできず、持ち主復員で迫られた住まい家確保の援助を受けた材木店でのアルバイト仕事で半年を過ごした。やがて奇跡的に連絡の取れた小六担任の先生と会えて、その紹介で就職できたのは、父の病気回復のおかげもあり、先生も新たに就任された愛知県教育委員会事務局の新設機関の「教育文化研究所」の雑事務担当員に人員の空きがあったことである。旧制中学卒での就職は無理だったがコネの力だった。半年後に「大学受験資格認定試験」（後の大検）の合格で将来もいくらか開けたが、さらなる幸運は「研究所」に教育関係を中心とした図書室の整備事業が加わり、私にその事務を担当する「正業」機会を得たことだった。

図書室整備と言っても比較的少規模なもので、研究所員の先生が求める図書の購入、分類整理と配備管理なので、暇をもてあます時も増えた。その図書室の責任の先生の前任は高校地理の教師で、私にかなりの仕事を任せてもらえたし、もう一人地理を専攻されていた研究員の先生は東大系の地理学で、博学の地学者だったが、世事に広い気さくな研究者だった。半年ほどご一緒で、フルブライト留学制度第一回の研究者として渡米され、帰国後半年もたたずに静岡大学に移動された。いずれも未熟な私を親切に教導くださり幸運だった。そうした暇な折、図書室にある『日本書紀』に目を通した時、大垣中学時の前述の話を思い出し、「天武上紀」元年六月条に、身毛君広（ムゲツキミヒロ）云々に関する一行があることを確認できた。あの皇国史観の嵐の中、よくも聖戦の権化とも言うべき倭武尊と正反対の大碓命のことを誉めて喋ってくれたものだと改めて思った。だからもっと歴史を深く知りたいという意欲も湧いてきた。が、もう一つその関係部分を読むことで、自分でもびっくりする思いつきがあった。まさに私の初めての思考を通じての発見とも言えることなので、少し詳しく書きとめたい。

大垣の疎開生活の場は「安八（安蜂間）」郡に近く、母の実家は古くは安蜂間の里の一部だと聞いていた。歴史好きの当時の通学仲間の友達からは、古代はここが皇太子の領地と聞かされ、まさかと思ったが正しかったのでびっくりした。領地は正しくは湯沐の地（ゆのち）と呼ばれて皇太子の生活に必要な食料などを供給する諸領地であることも辞書で調べた。「壬申の乱」では近くの宮地という集落に池田の首《おびと》という湯沐の役人がおり、「安蜂間郡の湯沐令多臣品治」と中濃の武儀郡を支配していた上述の「身毛君広」らが直に結びつき、すぐに軍兵を動かし、いち早く不破の関を圧《おさ》えたことで大きく勝利と繋がるという話だったことを理解した。点的な狭い地域と地域がある事柄で結びつき、それが広がって広く世の中のあり様が決まる。点、線、広がりがある一つのテーマで結びつき、大きな特徴が生まれる。それは歴史とも言えるが、それを地理的関係とするなら、歴史も地理も不可分で、点の特性が広い面の特別の役割をもつ地域へつながり、広い面のありようが狭い地点をより明確にする。もちろんこれほど明瞭ではなくもやもやした想いだったが、私の学問の芽生えだったかも知れない。人ひとりいない勤め先の図書室でそんな思索の楽しみがもっと広がる将来を夢想した。そんな夢見ができる図書室は、まさに私の楽園だった。

それから一年が過ぎ、幸いにも私は名古屋大学の文学部に入学した。研究所は私の不便を見かねてか、修学に必要なアルバイト資金確保のためとして夜の宿直業務を委託してくれた。教養部の二年修了を前に専攻学科を決めるにあたって、わたしはやはり「国史学科」を選ぼうと決めていたが、顔見知りで研究所にしばしば訪れていた県の教育文化行政関係の部課におられた元名大国史学科の助手の経歴のある指導員が、私の「国史志望」を聞いてダメを出し、熟知の文学部内状況から絶対に地理研究室だと強硬に推薦してくれた。私がやりたかった日本近・現代史を勉強するならスタッフの顔ぶれから絶対地理だと説得し、顔見知りの地理学主任教授に面会の場を強引につくってしまった。教授との話で私は、「いま山田盛太郎の『日本資本主義分析』を読んでいます」と言うと、意外にも教授は「私が前に読んだ時のメモ・ノートがある」と書棚の片隅にあったそのノートを取り出し、これも読みながら彼の分析手法などをきちんと把握したうえで、「地域視点」でまとめ直したら面白いという助言までしてくれた。そこで私の歴史研究者の道は消えた。が、歴史の面白さはいつまでも残り続けた。

その思考方法は、地理学の地域研究を通じて深めることができたと思う。私が最初にそうした分析方法でまとめた『日本資本主義と地域経済』（大月書店刊）は一九七七年の「日本経済賞」候補としてノミネートされたが、推薦いただいた都留重人さんから「地域視点を本格的に経済学に導入した」ことを評価したと述べられており、嬉しかった。では「地域視点とは」と正面から問われると、今にいたるまで未だにあやふやである。

書評紙『読書人』二〇一〇年の上半期読書アンケートでは分野別に各部門の権威者に上位三点を推薦させているが、考古学・古代日本史学分野で森浩一さんはその一冊に私の『天武の夢　はるか』（風媒社刊）を選んでくださってびっくりした。「尾・参・濃・信の古代史誌」をサブタイトルとしたこの本も地域視点を重視した著作だが、とくに点的な大和を倭国東北部と結ぶことの全国的意味の重要性を念頭にして、とくに信濃との結びつきを死直前の持統上皇が強力に尾張氏に働きかけた実績と意義を後づけしたことへの評価だと受け止め、その歴史的成果がさらに全国的視角でどう受け止められたか否かという観点で再整理したいと思った。

そこで定年後の社会貢献の意味もあって、委託仕事としていた「地域と協同の研究センター」での要請事項に頭をひねるかたわら、閑な時間を当ててもう一度『日本書紀』を読みなおし、新たに持統天皇への関心を深めた。そして八八歳の米寿の祝いを「生前葬」として開いていただく手土産として『古代尾張氏とヤマト政権』（愛知書房）をまとめた。持統最晩年の三河行幸が中心の一つだった。その最後に「余興」として持統作の万葉集採歌で最難解の歌の拙訳を書いた。言い訳にもならないが、勘違いで誤訳をやってしまったことにその後気づいた。また第七回東海学シンポジウムへの誌上参加論文として、「天武の北進政策と信濃副都・東山道建設」を書いた。後日そのシンポジウム掲載の雑誌をもらったが、一読して、私の論文は「東海学」の雰囲気から浮いているなと思った。これがきちんとはまるような全体をまとめたうえでの部分の叙述でなければ、その部分を生きたものとはなしえないことを実感した。

その反省が本書である。『日本書紀』の個々のテーマではなく、全体として書きたかったことが何かが『書紀』編纂者の頭の中にはあったはずで、それを探そうとして再度の読み直しを行ったうえで、まとまったものである。

やっとこの生涯的著作に一つのメドをつけた今、あらためて読み直して見て、自分の生涯の仕事として若いころから思考し、地理・歴史学者として、また協同・友愛の研究者として、そして古代史諸著作者として、いくつもの本や論考を書いてきた最終の目的であった「地域的観点の意義」を踏まえた作品で生涯を終えたいと、弱りゆく脳を励ましながらその課題にも本書でキリをつけえたと思う。人が己の暮らしをつきつめつつ。協同してつくり上げた地域視点を全国のものへ、そしてそれをまた地域へ、そして個人へと返していく果てしのない運動の全体がそうだと知ったら、そのために個人は未来のために今どう行動すべきかを突き詰めざるをえない。それらをどう受け止めていくかは、筆者の私も含めて全読者の究めることである。

さて、最後に万葉集一六〇番歌の誤解釈問題だが、脱稿を急いだためとはいえ、大事な「読み違い」があった。冒頭の「天皇の崩りましし時の太上天皇の御製歌」で時の天皇をなぜか草壁皇子にイメージし、それが「天武」の崩御直後の歌であることを間違って理解してしまい、草壁皇子の死をコメントしてしまって大失態だった。お恥ずかしい限りだが、公開してしまった責任上ここで訂正したい。幸いにもそれでより歌の意図が明瞭化した。万葉きっての難解歌に免じて乞う、ご容赦。対象の歌は万葉集一六〇番歌で、

　燃ゆる火も　取りて包みて　袋には　入ると言わずや　面智男雲

歌の意味は「天武のモガリの灯を取り換えとりかえする部屋に、入ると声もかけないで現れたのは顔見知りの男性だったので、ほっとした」といったところか。（まだ元気だった皇太子の草壁が顔を見せてくれて、一人モガリ場にいた悲しみの后が、ほっとするとともに、新たな自分の人生がこれから始まるのだと気を引き締めた時の思い出の歌であろうか）。ハングルにいくらかでも馴染んでいないと皆目わからない名（迷）歌である。

[著者略歴]
野原 敏雄（のはら　としお）
1930年、名古屋市生まれ。1958年、名古屋大学大学院文学研究科（史学地理学課程）修士修了。1959年、中京大学商学部講師（経済地理学担当）、以後教授・学部長、大学院研究科長、大学図書館長などを歴任。中京大学名誉教授。文学博士。ポーランド地理学会名誉会員。
［主要著書］『日本資本主義と地域経済』（大月書店）、『現代の地域産業』（新評論）、『現代協同組合論』（名古屋大学出版会）、『天武の夢　はるか』（風媒社）、『友愛と現代社会』（風媒社）、『古代尾張氏とヤマト政権』（愛知書房）、『『記・紀』から読み解く古代の天皇像』（風媒社）

鏡としての『日本書紀』

2024年5月15日　第1刷発行　（定価はカバーに表示してあります）

著　者　　野原 敏雄

発行者　　山口　　章

発行所　　名古屋市中区大須 1-16-29
振替 00880-5-5616 電話 052-218-7808　　風媒社
http://www.fubaisha.com/

＊印刷・製本／モリモト印刷　　乱丁本・落丁本はお取り替えいたします。
ISBN978-4-8331-0638-2